**L'art de budgétiser : conseils pratiques pour économiser de l'argent et créer de la richesse**

© 2024 par Grégoire Lang

Tous droits réservés. Aucune partie de ce livre ne peut être reproduite, stockée dans un système de récupération ou transmise sous quelque forme ou par quelque moyen que ce soit, électronique, mécanique, photocopie, enregistrement ou autre, sans l'autorisation écrite préalable de l'éditeur.

Edité par : Grégoire Lang

Conception de la couverture par Kings Media

Avertissement : Les informations contenues dans ce livre sont uniquement à des fins d'information générale. Il ne constitue pas et ne doit pas être interprété comme un conseil financier ou professionnel. L'auteur et l'éditeur déclinent toute responsabilité découlant directement ou indirectement de l'utilisation de ce livre. Il est conseillé aux lecteurs de consulter un conseiller financier qualifié ou un autre professionnel pour répondre à leurs besoins individuels.

Première édition : mai 2024

Imprimé aux États-Unis d'Amérique

## TABLE DES MATIÈRES

Préface
introduction
Chapitre 1 : Comprendre votre situation financière
Chapitre 2 : Fixer des objectifs financiers
Chapitre 3 : Créer un budget
Chapitre 4 : Dépenses fixes ou variables
Chapitre 5 : Réduire les coûts sans sacrifier la qualité de vie
Chapitre 6 : Gestion de la dette
Chapitre 7 : Stratégies d'épargne
Chapitre 8 : Investir dans l'avenir
Chapitre 9 : Comprendre le crédit
Chapitre 10 : Budgétisation pour les événements majeurs de la vie
Chapitre 11 : Planification fiscale

**Chapitre 12 : Assurance et protection**
**Chapitre 13 : Budgétisation familiale**
**Chapitre 14 : Conseils pour vivre avec parcimonie**
**Chapitre 15 : Utiliser la technologie pour budgétiser**
**Chapitre 16 : Surmonter les défis financiers**
**Chapitre 17 : Respecter votre budget**
**Conclusion : Maîtrisez l'art de la budgétisation**
**action de grâces**
**AUTRES LIVRES DE L'AUTEUR**

# L'art de budgétiser : conseils pratiques pour économiser de l'argent et créer de la richesse

## auteur
## Grégoire Lang

# Préface

Dans un monde où la stabilité financière et la croissance sont primordiales, savoir comment gérer efficacement son argent n'a jamais été aussi important. L'art de budgétiser : Conseils pratiques pour épargner et accroître votre patrimoine est un guide complet conçu pour aider les personnes de tous horizons à prendre le contrôle de leurs finances, à atteindre leurs objectifs financiers et à assurer un avenir prospère.

Mon voyage dans le monde de la budgétisation a commencé par nécessité. Avec l'augmentation des prêts étudiants, les dettes de carte de crédit et le désir d'épargner pour une maison, j'ai rapidement réalisé que je devais maîtriser l'art de la gestion financière. Au fil des années, grâce à des essais et des erreurs, des recherches approfondies et d'innombrables heures de pratique, j'ai développé un système qui a changé ma vie financière. Ce livre est le point culminant de ce voyage et des leçons que j'ai apprises en cours de route.

Le but de ce livre est de démystifier le processus de budgétisation et de vous donner des conseils pratiques et exploitables que vous pouvez mettre en œuvre immédiatement. Que vous soyez un jeune professionnel, un parent gérant le budget d'un ménage ou une personne à la recherche d'une retraite confortable, les stratégies et les conseils présentés dans ce livre sont conçus pour vous aider à réussir financièrement.

En écrivant ce livre, je voulais créer une ressource non seulement informative, mais aussi engageante et accessible. Chaque chapitre s'appuie sur le précédent et vous guide étape par étape dans le processus de compréhension de votre situation financière, de définition d'objectifs, de création d'un budget, de gestion des dettes et d'investissement pour l'avenir. Des exemples concrets, des études de cas et des conseils faciles à comprendre illustrent les concepts clés et vous fournissent une feuille de route claire vers la stabilité financière.

Je crois que n'importe qui peut maîtriser l'art de la budgétisation, quel que soit son point de départ. Cela demande de l'engagement, de la discipline et une volonté d'apprendre, mais la récompense en vaut la peine. En prenant le contrôle de vos finances, vous ouvrez la porte à un monde d'opportunités et de tranquillité d'esprit.

Je suis profondément reconnaissant à tous ceux qui m'ont soutenu dans la création de ce livre, en particulier ma famille, mes amis et mes conseillers financiers. Leurs encouragements et leurs idées ont été inestimables. Mes remerciements vont également à mon éditeur, dont l'œil attentif et les commentaires réfléchis ont contribué à faire de ce livre un guide complet.

Alors que vous vous engagez sur la voie de la maîtrise financière, n'oubliez pas que chaque petit pas vous rapproche de vos objectifs. J'espère que ce livre vous sera un compagnon et un guide précieux, vous permettant de prendre des décisions éclairées, d'épargner efficacement et d'accroître votre patrimoine.

Place à votre réussite financière !

## introduction

Bienvenue dans L'art de la budgétisation : conseils pratiques pour économiser de l'argent et accroître votre patrimoine. Dans un monde où la sécurité financière est primordiale, maîtriser l'art de la budgétisation est essentiel pour quiconque souhaite atteindre ses objectifs financiers et bâtir un avenir prospère. Ce livre est votre guide complet pour comprendre et gérer vos finances, quelle que soit votre situation financière actuelle.

La budgétisation est souvent mal comprise et considérée comme un exercice limitant. C'est le contraire qui se produit. Une budgétisation efficace vous donne la possibilité de garder le contrôle de votre argent, de prendre des décisions éclairées et, en fin de compte, de bénéficier d'une plus grande liberté financière. Que vous commenciez tout juste votre parcours financier, que vous gériez un budget familial ou que vous planifiiez votre retraite, ce livre propose des stratégies pratiques et des conseils pratiques pour vous aider à réussir.

**Pourquoi la budgétisation est importante**

Le stress financier est un problème répandu qui touche des millions de personnes. Cela peut avoir diverses causes, telles qu'une dette croissante, des dépenses imprévues ou l'incapacité d'épargner pour des objectifs futurs. En mettant en œuvre un budget bien structuré, vous pouvez atténuer ce stress et ouvrir la voie à la stabilité et à la croissance financières.

La budgétisation ne consiste pas seulement à réduire les dépenses ; il s'agit de prendre des décisions conscientes qui correspondent à vos objectifs financiers. Vous pouvez prioriser vos dépenses, épargner pour les urgences et investir pour votre avenir. Essentiellement, la budgétisation est la base sur laquelle vous pouvez bâtir une vie financière sûre et réussie.

**Ce que vous apprendrez**

Conçu pour être une ressource pratique et accessible, ce livre vous guidera à travers chaque étape du processus budgétaire. Voici un bref aperçu de ce que vous apprendrez :

- **Comprenez votre situation financière :** Apprenez à estimer vos revenus, à suivre vos dépenses et à calculer votre valeur nette.
- **Définition d'objectifs financiers :** Découvrez l'importance de définir des objectifs financiers SMART et comment les hiérarchiser.
- **Création d'un budget :** Découvrez différents types de budgets, les étapes à suivre pour créer un budget, ainsi que les outils et applications qui peuvent vous aider à le faire.
- **Gérer les dépenses :** Identifiez les dépenses fixes et variables et apprenez des stratégies pour les gérer efficacement.
- **Réduire les coûts :** Découvrez comment réduire les dépenses quotidiennes sans compromettre votre qualité de vie.

- **Gestion de la dette :** Comprendre les différents types de dettes et élaborer des stratégies pour les rembourser efficacement.
- **Stratégies d'épargne :** Créez un fonds d'urgence, automatisez l'épargne et choisissez les meilleurs comptes d'épargne.
- **Investir pour l'avenir :** Obtenez une introduction à l'investissement et apprenez à créer un plan d'investissement adapté à vos besoins.
- **Gestion du crédit :** Améliorez votre pointage de crédit et gérez judicieusement vos cartes de crédit.
- ** Budgétisation pour les événements de la vie : ** Planifiez financièrement les événements importants de la vie comme le mariage, les enfants et la retraite.
- **Planification fiscale :** Renseignez-vous sur les tranches d'imposition, les déductions, les crédits et les comptes fiscalement avantageux.
- **Assurance et protection :** Choisissez les bonnes polices d'assurance et comprenez les bases de la planification successorale.

- **Budget familial :** Apprenez à vos enfants la gestion de l'argent, gérez les dépenses partagées et organisez des réunions financières efficaces pour toute la famille.
- **Conseils pour une vie frugale :** Adoptez une vie frugale grâce à des projets de bricolage, des achats intelligents et un style de vie minimaliste.
- **Utilisez la technologie :** Utilisez des applications de budgétisation et des outils en ligne pour rationaliser votre processus de budgétisation.
- **Surmonter les défis financiers :** Surmonter les urgences financières, se remettre des revers et renforcer la résilience.
- **Gardez une trace de votre budget :** Révisez et ajustez régulièrement votre budget pour rester sur la bonne voie et rester motivé.

**Votre chemin vers la liberté financière**

Alors que vous vous lancez dans ce voyage, n'oubliez pas que l'établissement d'un budget n'est pas une tâche ponctuelle mais un processus continu. Cela nécessite de l'engagement, de la discipline et une volonté d'adaptation. Cependant, la récompense en découlant est énorme. En prenant le contrôle de vos finances, vous pouvez réduire le stress, atteindre vos objectifs financiers et profiter d'une vie plus sûre et plus épanouissante.

Ce livre vous accompagnera à chaque étape. Chaque chapitre regorge de conseils pratiques, d'exemples concrets et d'explications claires pour vous aider à maîtriser l'art de la budgétisation. Je suis convaincu qu'à la fin de ce livre, vous disposerez des connaissances et des outils dont vous avez besoin pour prendre le contrôle de votre avenir financier.

Commençons ensemble ce voyage vers la maîtrise financière.

# Chapitre 1 : Comprendre votre situation financière

Le chemin vers la maîtrise financière commence par une compréhension claire de votre situation financière actuelle. Sans une solide compréhension de votre situation financière, il est impossible de créer un budget efficace ou de prendre des décisions éclairées concernant votre argent. Ce chapitre vous guide tout au long du processus d'évaluation de vos revenus, de suivi de vos dépenses et de calcul de votre valeur nette, jetant ainsi les bases d'une stratégie budgétaire réussie.

## 1.1 Évaluation de vos revenus

Le revenu est la pierre angulaire de tout plan financier. Savoir combien d'argent vous gagnez chaque mois est la première étape pour créer un budget réaliste. Pour avoir une idée précise de vos revenus, considérez les sources suivantes :

### 1.1.1 Poste permanent

Pour la plupart des gens, leur travail constitue la principale source de revenus. Que vous soyez salarié, salarié à l'heure ou indépendant, il est important de calculer votre revenu mensuel total. C'est comme ça que c'est fait:

- **Employés :** Consultez vos fiches de paie pour déterminer votre salaire brut (le montant avant impôts et déductions) et votre salaire net (le montant que vous rapportez à la maison). Si vous recevez un salaire régulier, multipliez simplement votre salaire net par le nombre de périodes de paie dans un mois.

- **Salariés horaires :** Multipliez votre salaire horaire par le nombre moyen d'heures que vous travaillez par semaine. Vous multipliez ensuite ce nombre par 4,33 (le nombre moyen de semaines dans un mois) pour trouver votre revenu mensuel.

- **Indépendants et travailleurs indépendants :** Vos revenus peuvent fluctuer d'un mois à l'autre. Vérifiez vos revenus de l'année dernière, calculez votre revenu mensuel moyen et utilisez-le comme base.

**Exemple :** Sarah, graphiste d'Austin, au Texas, est indépendante. Elle vérifie ses revenus de l'année dernière et constate que ses gains mensuels étaient en moyenne de 4 000 $. Elle utilise ce numéro comme point de départ pour sa planification budgétaire.

### 1.1.2 Sources de revenus supplémentaires

N'oubliez pas de considérer d'autres sources de revenus, telles que :

- **Emplois à temps partiel :** Si vous avez un emploi à temps partiel, incluez ce revenu dans vos calculs.
- **Revenus de location** Si vous louez une propriété ou une chambre, ajoutez-le à votre revenu total.

- **Revenu du capital :** Cela comprend les dividendes, les intérêts et autres gains en capital.
- **Prestations gouvernementales :** Répertoriez toutes les prestations que vous recevez, telles que la sécurité sociale, le chômage ou les allocations d'invalidité.
- **Paiements alimentaires ou pension alimentaire pour enfants :** Indiquez ces paiements le cas échéant.

**Exemple :** John, enseignant à Chicago, complète ses revenus en donnant des cours particuliers le soir. Grâce au tutorat, il gagne 500 $ de plus par mois, qu'il ajoute à son revenu principal.

## 1.2 Suivez vos dépenses

Pour budgétiser efficacement, il est important de savoir où votre argent est dépensé chaque mois. En suivant vos dépenses, vous pouvez reconnaître les habitudes de dépenses et identifier les domaines dans lesquels vous pouvez réduire et les opportunités d'économiser.

Suivez ces étapes pour obtenir un aperçu complet de vos dépenses :

### 1.2.1 Catégorisez vos dépenses

Divisez vos dépenses en catégories pour faciliter le suivi. Les catégories courantes incluent :

- **Logement** : Loyer ou versements hypothécaires, taxes foncières, assurance habitation ou locataire, services publics (électricité, gaz, eau) et frais d'entretien.
- **Transport :** Paiements de voiture, assurance automobile, essence, transports en commun et entretien.
- **Nourriture :** Épicerie, restaurants et plats à emporter.
- **Soins de santé :** Primes d'assurance, visites chez le médecin, ordonnances et autres frais médicaux.
- **Paiements de dettes :** Paiements par carte de crédit, prêts étudiants, prêts personnels et autres dettes.

- **Divertissement :** Abonnements (Netflix, Hulu), loisirs et sorties.
- **Épargne et investissement :** Cotisations aux comptes d'épargne, aux comptes de retraite et à d'autres investissements.
- **Autre :** Vêtements, cadeaux, dons et autres dépenses non couvertes dans les catégories ci-dessus.

**1.2.2 Suivez vos dépenses**

Vous pouvez suivre vos dépenses de plusieurs manières :

- **Suivi manuel :** Notez toutes les dépenses dans un cahier ou utilisez une feuille de calcul. Cette méthode nécessite de la discipline mais offre le plus de contrôle.
- **Applications et logiciels :** Utilisez des applications de budgétisation comme Mint, YNAB (You Need A Budget) ou PocketGuard qui se synchronisent avec vos comptes bancaires et peuvent automatiquement catégoriser les dépenses.

- **Relevés de compte :** Examinez vos relevés bancaires et de carte de crédit pour identifier et catégoriser les dépenses. Cette méthode est moins précise, mais peut vous donner un aperçu général de vos habitudes de dépenses.

**Exemple :** Emily, une infirmière à San Francisco, utilise l'application Mint pour suivre ses dépenses. En synchronisant ses comptes bancaires et ses cartes de crédit avec l'application, elle peut voir toutes ses transactions en un seul endroit et les classer facilement.

**1.2.3 Analysez vos dépenses**

Après avoir suivi vos dépenses pendant au moins un mois, analysez les données pour identifier les tendances et les domaines dans lesquels vous pouvez économiser. Recherchez des modèles tels que :

- **Dépenses récurrentes :** Il s'agit de dépenses mensuelles cohérentes telles que le

loyer ou l'hypothèque, les services publics et les versements de prêt.
- **Dépenses variables :** Celles-ci varient d'un mois à l'autre, telles que : B. Épicerie, divertissement et restaurants.
- **Dépenses discrétionnaires :** Il s'agit de dépenses non essentielles que vous pouvez réduire ou éliminer pour économiser de l'argent.

**Exemple :** Après avoir suivi ses dépenses pendant un mois, Emily constate qu'elle dépense 300 $ par mois en repas au restaurant et 150 $ par mois en abonnements. Elle décide de manger moins au restaurant et d'annuler certains abonnements pour économiser davantage.

### 1.3 Calcul de l'actif net

Votre valeur nette est un instantané de votre santé financière globale. C'est la différence entre ce que vous possédez (actifs) et ce que vous devez (passif). Le calcul de votre valeur nette vous donne une idée claire de votre situation financière et vous aide à vous fixer des objectifs réalistes. Comment le calculer :

**1.3.1 Listez vos actifs**

Les actifs sont tous les actifs qui ont de la valeur. Les actifs communs comprennent :

- **Trésorerie et équivalents de trésorerie :** Comptes d'épargne, comptes chèques et avoirs en espèces.
- **Investissements :** Actions, obligations, fonds communs de placement, comptes de retraite (401(k), IRA) et autres comptes d'investissement.
- **Immobilier** : Votre résidence principale, vos biens locatifs et autres biens immobiliers.
- **Biens personnels :** Objets de valeur tels que des voitures, des bijoux, des œuvres d'art et des objets de collection.

**1.3.2 Énumérez vos responsabilités**

Le passif est tout ce que vous devez. Les passifs courants comprennent :

- **Dette hypothécaire :** Le solde restant de votre prêt immobilier.
- **Dette à la consommation :** Soldes de cartes de crédit, prêts personnels et prêts sur salaire.
- **Prêts étudiants :** Le solde restant de votre prêt étudiant.
- **Prêts automobiles :** Le solde restant de tous les prêts automobiles.
- **Autres passifs :** Toutes les autres dettes, telles que les factures médicales ou les dettes fiscales.

### 1.4 Constituer un fonds d'urgence

Un fonds d'urgence est un élément important de la stabilité financière. Il agit comme un filet de sécurité, vous donnant les fonds dont vous avez besoin pour couvrir les dépenses imprévues sans vous endetter. Voici comment constituer et gérer un fonds d'urgence :

## 1.4.1 Déterminez la taille de votre fonds d'urgence

Les experts financiers recommandent généralement qu'un fonds d'urgence couvre trois à six mois de frais de subsistance. Pour déterminer la taille appropriée de votre fonds d'urgence, tenez compte des facteurs suivants :

- **Dépenses mensuelles :** Calculez vos dépenses mensuelles moyennes, y compris le logement, le transport, l'épicerie, les soins de santé, le remboursement de la dette et d'autres nécessités.
- **Sécurité de l'emploi :** Si vous avez un emploi stable, un fonds d'urgence peut suffire pour vous durer trois mois. Cependant, si vos revenus fluctuent ou si votre emploi est moins sûr, vous devriez viser un fonds d'urgence sur six mois (voire plus).
- **Personnes à charge :** Si vous avez des personnes à charge, tenez compte de leurs besoins lors du calcul de votre fonds d'urgence.

**Exemple :** Lisa, responsable marketing à Miami, en Floride, calcule ses dépenses mensuelles moyennes à 3 500 $. Comme elle a un emploi stable mais deux enfants à charge, elle décide de viser un pécule de six mois totalisant 21 000 $.

**1.4.2 Constitution de votre fonds d'urgence**

Une fois que vous avez défini le montant cible, suivez ces étapes pour constituer votre fonds d'urgence :

1. **Ouvrez un compte séparé :** Conservez votre fonds d'urgence dans un compte d'épargne distinct pour éviter la tentation de l'utiliser à d'autres fins. Envisagez un compte d'épargne à intérêt élevé pour gagner plus d'intérêts.

2. **Automatisez votre épargne :** Configurez des transferts automatiques de votre compte courant vers votre compte d'épargne d'urgence.

Cela garantit des dépôts réguliers sans que vous ayez à y penser.

3. **Donnez la priorité à votre fonds d'urgence :** Concentrez-vous sur la constitution de votre fonds d'urgence avant de poursuivre d'autres objectifs financiers comme investir ou rembourser des dettes à faible taux d'intérêt. Avoir un fonds d'urgence adéquat garantit la tranquillité d'esprit et la sécurité financière.

**Exemple :** Lisa ouvre un compte d'épargne à intérêt élevé et configure chaque mois un transfert automatique de 500 $ depuis son compte courant. Cela lui permet de reconstituer entièrement son fonds d'urgence en 42 mois environ.

## 1.5 Fixer des objectifs financiers SMART

Pour réussir financièrement, il est important de se fixer des objectifs clairs et réalisables. Le modèle SMART – Spécifique, Mesurable,

Atteignable, Pertinent, Limité dans le Temps – vous aide à fixer des objectifs financiers efficaces. Comment l'appliquer :

### 1.5.1 Spécifique

Vos objectifs doivent être clairs et précis. Évitez les objectifs vagues comme « économiser plus d'argent ». Définissez plutôt ce que vous souhaitez réaliser.

**Exemple :** Au lieu de dire « économiser plus d'argent », Sarah se fixe comme objectif « d'économiser 10 000 $ pour un acompte sur une maison ».

### 1.5.2 Mesurable

Quantifiez vos objectifs afin de pouvoir suivre vos progrès. Utilisez des chiffres et des délais concrets.

**Exemple :** John s'est fixé pour objectif de « rembourser 5 000 $ de dettes de carte de crédit dans un délai de 12 mois ». Cet objectif est mesurable car il implique un montant et un délai spécifiques.

### 1.5.3 **Accessible**

Fixez-vous des objectifs réalistes, stimulants mais réalisables. Tenez compte de votre situation financière actuelle et des obstacles possibles.

**Exemple :** Emily souhaite « économiser 5 000 $ pour des vacances dans 18 mois". Compte tenu de ses revenus et de ses dépenses, elle estime qu'elle peut économiser 278 $ par mois.

### 1.5.4 **Pertinent**

Assurez-vous que vos objectifs correspondent à vos objectifs et valeurs financiers plus larges.

**Exemple :** Carlos se fixe comme objectif de « cotiser 300 $ par mois à son fonds de retraite

», conformément à son objectif à long terme d'une retraite confortable.

### 1.5.5 Limité dans le temps

Fixez-vous une date limite pour atteindre vos objectifs. Cela crée un sentiment d'urgence et vous aide à rester concentré.

**Exemple :** L'objectif de Lisa de « constituer un pécule de 21 000 $ en 42 mois » est limité dans le temps et fournit un calendrier clair pour son achèvement.

## 1.6 Créer un budget

Une fois que vous connaissez clairement vos revenus, vos dépenses, vos actifs et vos objectifs financiers, vous pouvez créer un budget. Un budget est un plan indiquant comment vous utiliserez vos revenus pour dépenser, épargner et investir. Comment créer un budget :

### 1.6.1 Choisir une méthode de budgétisation

Différentes méthodes de budgétisation peuvent vous aider à gérer votre argent. Choisissez une méthode qui correspond à votre style de vie et à vos objectifs financiers :

- **Budget 50/30/20 :** Prévoyez 50 % de vos revenus pour vos besoins (logement, services publics, épicerie), 30 % pour vos désirs (divertissements, restaurants) et 20 % pour l'épargne et le remboursement de vos dettes.
- **Budget base zéro :** allouez chaque dollar de votre revenu à une catégorie spécifique jusqu'à ce qu'il ne reste plus aucun dollar non alloué. Cette méthode garantit que vous comptabilisez tous vos revenus et dépenses.
- **Système d'enveloppes :** Distribuez de l'argent entre différentes catégories de dépenses à l'aide d'enveloppes. Une fois qu'une enveloppe est vide, vous ne pouvez plus dépenser dans cette catégorie pendant tout le mois.
- **Payez-vous d'abord le budget :** Donnez la priorité à l'épargne et à l'investissement en

mettant de l'argent de côté pour ces objectifs avant de couvrir d'autres dépenses.

**Exemple :** Emily choisit la méthode budgétaire 50/30/20. Sur son revenu mensuel de 5 000 $, elle consacre 2 500 $ (50 %) aux besoins, 1 500 $ (30 %) aux désirs et 1 000 $ (20 %) à l'épargne et au remboursement de ses dettes.

### 1.6.2 Faites la liste de vos revenus et dépenses

Faites une liste de vos sources de revenus et de toutes vos dépenses. Utilisez vos données de suivi de la section 1.2 pour garantir leur exactitude.

**Exemple :** Les revenus et dépenses d'Emily sont les suivants :

- **Revenu :** 5 000 $
- **Exigences :** 2 500 $
- Loyer : 1 500 $
- Utilitaires : 200 $

- Épicerie : 400 $
- Transport : 300 $
- Assurance : 100 $
- **Recherché :** 1 500 $
- Dîner au restaurant : 300 $
- Animation : 200$
- Abonnements : 100 $
- Loisirs : 100 $
- Vêtements : 100$
- **Épargne/Remboursement de la dette :** 1 000 $
- Fonds d'urgence : 500 $
- Fonds de retraite : 300$
- Remboursement de la dette : 200 $

1.6.3 **Ajustez votre budget**

Si vos dépenses dépassent vos revenus, ajustez votre budget pour l'équilibrer. Recherchez les domaines dans lesquels vous pouvez limiter vos dépenses ou augmenter vos revenus.

**Exemple :** Emily constate que ses dépenses totales (5 500 $) dépassent son revenu de 500 $.

Elle décide de réduire le budget de son restaurant à 200 $, celui des divertissements à 100 $ et d'annuler un abonnement, ramenant ainsi ses dépenses totales à 5 000 $.

**1.6.4 Mettre en œuvre et suivre votre budget**

Commencez immédiatement à utiliser votre budget. Suivez régulièrement vos dépenses pour vous assurer de respecter vos limites. Si nécessaire, ajustez votre budget en fonction de l'évolution de vos revenus ou de vos dépenses.

**Exemple :** Emily surveille ses dépenses à l'aide de l'application Mint, vérifie ses progrès chaque semaine et effectue les ajustements nécessaires pour rester sur la bonne voie.

**1. Utilisez 7 outils et applications pour la budgétisation**

La technologie peut simplifier le processus de budgétisation et vous aider à rester organisé.

Voici quelques outils et applications populaires que vous devriez considérer :

- **Mint :** suit vos dépenses, les catégorise et fournit des informations sur vos habitudes financières.
- **YNAB (You Need A Budget) :** Favorise une budgétisation proactive et vous aide à affecter chaque dollar à un objectif spécifique.
- **PocketGuard :** Fournit un aperçu clair de vos finances, indiquant le montant de revenu disponible qu'il vous reste après déduction des factures et des économies.
- **Goodbudget :** utilise le système d'enveloppes numériquement et vous aide à allouer des fonds à différentes catégories de dépenses.

**Exemple :** Sarah utilise YNAB pour affecter chaque dollar de son revenu d'indépendant à des catégories spécifiques, garantissant ainsi qu'elle reste au top de ses objectifs de dépenses et d'épargne.

## 1.8 Révisez et ajustez régulièrement votre budget

Votre budget n'est pas un document statique. Cela devrait évoluer avec votre situation financière. Réviser et ajuster régulièrement votre budget garantira qu'il reste efficace et pertinent. C'est comme ça que c'est fait:

### 1.8.1 Examens mensuels

À la fin de chaque mois, examinez votre budget pour comparer vos dépenses réelles avec votre budget prévu. Identifiez tout écart et ajustez votre budget en conséquence.

**Exemple :** Jean examine son budget à la fin de chaque mois. S'il dépense trop dans une catégorie, il cherche des moyens de réduire ou de réaffecter les fonds au cours du mois à venir.

### 1.8.2 Examens trimestriels

Jetez un œil plus complet à votre situation financière tous les trois mois. Évaluez vos progrès vers vos objectifs financiers et apportez les ajustements nécessaires à votre budget.

**Exemple :** Lisa effectue des examens trimestriels pour s'assurer qu'elle est sur la bonne voie pour constituer son fonds d'urgence. Elle ajuste son taux d'épargne au besoin en fonction de ses dépenses et de ses revenus actuels.

1.8.3 **Rapports annuels**

À la fin de l'année, effectuez un examen complet de votre budget et de vos objectifs financiers. Tenez compte de tout changement majeur dans votre vie, tel que : Par exemple, un nouvel emploi, un déménagement ou un changement dans la taille de la famille, et ajustez votre budget en conséquence.

**Exemple :** Carlos revoit son budget chaque année et apporte des ajustements en fonction de sa performance financière et de tout changement dans sa situation, comme une augmentation de salaire ou de nouveaux investissements.

## 1.9 Obtenir des conseils professionnels

Parfois, les conseils d'un professionnel peuvent s'avérer inestimables pour gérer vos finances et créer un budget efficace. Les conseillers financiers, comptables et conseillers en crédit peuvent vous fournir des conseils personnalisés en fonction de votre situation particulière.

### 1.9.1 Conseiller financier

Un conseiller financier peut vous aider à créer un plan financier complet comprenant la budgétisation, les investissements et la planification de la retraite. Recherchez un planificateur financier certifié (CFP) ou un autre professionnel accrédité.

**Exemple :** Sarah consulte un conseiller financier pour l'aider à planifier l'achat de sa maison et ses investissements pour l'avenir. Le conseiller la conseille individuellement et l'aide à élaborer une stratégie financière à long terme.

### 1.9.2 Comptable

Les comptables peuvent vous aider à gérer vos finances plus efficacement, surtout si vous avez des sources de revenus complexes ou des considérations fiscales importantes. Ils peuvent vous aider dans votre planification fiscale et veiller à ce que vous maximisiez les déductions et les crédits tout en restant conforme aux lois fiscales.

**Exemple :** John engage un comptable pour l'aider à comprendre les implications fiscales de ses revenus de tutorat. Le comptable le conseille sur les paiements d'impôts attendus et les déductions possibles liées à son activité parallèle.

### 1.9.3 Conseiller en crédit

Si vous êtes aux prises avec des dettes, un conseiller en crédit peut vous aider à élaborer un plan pour rembourser vos dettes et gérer vos prêts plus efficacement. Recherchez une agence de conseil en crédit réputée et à but non lucratif.

**Exemple :** Emily demande l'aide d'un conseiller en crédit après avoir réalisé que sa dette de carte de crédit devient ingérable. Le conseiller travaille avec elle pour créer un plan de règlement de la dette et négocier des taux d'intérêt plus bas avec ses créanciers.

## 1.10 L'aspect psychologique de la budgétisation

La budgétisation n'est pas seulement une question financière ; il contient également des éléments psychologiques. Comprendre vos habitudes de dépenses et les émotions qui les sous-tendent peut vous aider à créer un budget plus efficace.

### 1.10.1 Identifier les déclencheurs de dépenses

Tout le monde a des déclencheurs de dépenses – des émotions ou des situations qui conduisent à des dépenses imprévues. Les déclencheurs courants comprennent le stress, l'ennui, la pression sociale et la publicité. Identifier ces déclencheurs vous aidera à élaborer des stratégies pour y faire face.

**Exemple :** Carlos remarque qu'il a tendance à dépenser trop pour les restaurants lorsqu'il est stressé au travail. Il décide de développer des habitudes plus saines pour évacuer le stress, telles que : Par exemple, faites de l'exercice ou cuisinez à la maison pour réduire les dépenses.

1.10.2 **Pratiquer des dépenses conscientes**

Dépenser consciemment signifie prendre des décisions conscientes et intentionnelles concernant vos dépenses. Avant de faire un achat, demandez-vous s'il correspond à vos objectifs financiers et s'il s'agit d'un besoin ou d'un désir.

**Exemple :** Lisa a pour règle d'attendre 24 heures avant d'effectuer un achat non essentiel. Cela lui donne le temps de réfléchir à savoir si elle a vraiment besoin de l'article et évite les dépenses impulsives.

### 1.10.3 Surmonter les craintes financières

L'anxiété financière peut constituer un obstacle important à une budgétisation efficace. Aborder vos peurs et développer une attitude positive envers l'argent peut améliorer votre bien-être financier.

**Exemple :** Sarah est préoccupée par ses revenus irréguliers en tant que pigiste. Elle travaille avec un conseiller financier pour élaborer un plan budgétaire plus flexible qui s'adapte à ses revenus fluctuants et augmente sa confiance dans la gestion de ses finances.

## 1.11 Construire un système de soutien

La création d'un système de soutien peut faciliter votre budgétisation et vous aider à rester responsable. Partagez vos objectifs financiers avec des amis de confiance, votre famille ou des communautés en ligne pour obtenir des encouragements et des conseils.

### 1.11.1 Implication de la famille

Lors de la gestion d'un budget familial, impliquer tous les membres de la famille dans le processus budgétaire peut favoriser un effort de collaboration pour atteindre les objectifs financiers. Organisez régulièrement des réunions de famille pour discuter du budget, suivre les progrès et répondre à toute préoccupation.

**Exemple :** John et sa femme tiennent des réunions familiales mensuelles pour revoir leur budget et discuter de leurs objectifs financiers avec leurs deux adolescents. Cette implication aide chacun à comprendre l'importance de la budgétisation et contribue à une responsabilité financière partagée.

## 1.11.2 Partenaires responsables de la responsabilité financière

Un partenaire responsable peut vous motiver et vous soutenir dans vos efforts pour atteindre vos objectifs financiers. Choisissez quelqu'un en qui vous avez confiance et qui peut vous donner des commentaires constructifs et des encouragements.

**Exemple :** Emily et son amie Rachel travaillent ensemble pour s'encourager mutuellement à atteindre leurs objectifs budgétaires. Ils se réunissent une fois par mois pour examiner leurs budgets, célébrer les réussites et discuter des défis.

## 1.11.3 Communautés en ligne

Rejoindre des communautés ou des forums financiers en ligne peut fournir une richesse de connaissances et le soutien de personnes partageant les mêmes objectifs. Ces communautés peuvent fournir des conseils, partager des expériences et apporter de la motivation.

**Exemple :** Carlos rejoint un forum de finances personnelles en ligne où il partage ses progrès en matière de budgétisation, apprend des expériences des autres et acquiert de nouvelles connaissances sur la façon de gérer son argent plus efficacement.

1.12 **Restez motivé et surmontez les échecs**

Maintenir la motivation et surmonter les revers sont essentiels au succès de la budgétisation à long terme. Voici quelques stratégies pour vous aider à rester sur la bonne voie :

1.12.1 **Célébrer les jalons**

Reconnaissez et célébrez vos réussites financières, aussi petites soient-elles. Célébrer des étapes importantes peut augmenter votre motivation et renforcer un comportement positif.

**Exemple :** Lisa se récompense avec une petite récompense, comme son café préféré ou un nouveau livre, chaque fois qu'elle atteint un jalon d'épargne pour atteindre son objectif de fonds d'urgence.

### 1.12.2 Reclassement des revers

Considérez les revers comme des opportunités d'apprentissage plutôt que comme des échecs. Analysez ce qui n'a pas fonctionné, ajustez votre budget si nécessaire et recentrez-vous sur vos objectifs.

**Exemple :** Sarah fait face à une réparation automobile inattendue qui dépasse son budget. Elle revoit son budget, réaffecte les fonds de sa catégorie divertissement et décide d'augmenter son fonds d'urgence pour mieux gérer les futures surprises.

### 1.12.3 Maintenir la flexibilité

La vie est imprévisible et votre budget doit être suffisamment flexible pour s'adapter aux changements. Révisez régulièrement votre budget et ajustez-le en fonction de votre situation financière actuelle et de vos objectifs.

**Exemple :** Jean reçoit une promotion au travail, ce qui augmente ses revenus. Il retravaille son budget pour dépenser plus d'argent en épargne et en investissements, mais s'accorde tout de même quelques commodités supplémentaires.

## 1.13 Études de cas et exemples pratiques

Apprendre des expériences des autres peut fournir des informations et une inspiration précieuses. Voici quelques études de cas de personnes qui ont mis en œuvre avec succès des stratégies budgétaires pour améliorer leur situation financière :

### 1.13.1 La carrière indépendante de Sarah

Sarah, une graphiste d'Austin, au Texas, était aux prises avec des revenus irréguliers et des économies irrégulières. En suivant méticuleusement ses revenus et ses dépenses, en fixant des objectifs financiers SMART et en utilisant YNAB pour gérer son budget, elle a pu épargner pour un acompte sur une maison et constituer un solide fonds d'urgence.

### 1.13.2 Plan de remboursement de la dette de Jean

John, un enseignant de Chicago, avait d'importantes dettes de carte de crédit. Il a demandé l'aide d'un conseiller en crédit pour l'aider à élaborer un plan de règlement de ses dettes. En respectant un budget strict et en donnant la priorité au remboursement de ses dettes, John a remboursé 5 000 $ de dettes de carte de crédit en un an et a amélioré sa santé financière.

### 1.13.3 La stratégie d'épargne d'Emily

Emily, une infirmière de San Francisco, voulait économiser pour des vacances de rêve. Elle a suivi ses dépenses à l'aide de l'application Mint, identifié les domaines dans lesquels elle pourrait économiser et s'est fixé un objectif d'épargne réaliste. En faisant attention à son argent et en restant disciplinée, Emily a économisé 5 000 $ en 18 mois et a profité de ses vacances sans stress financier.

### 1.13.4 Succès de l'investissement de Carlos

Carlos, un ingénieur de New York, souhaitait créer de la richesse grâce à des investissements. Il a recherché diverses options de placement, consulté un conseiller financier et investi une partie de son budget en placements. Au fil du temps, Carlos a bâti un portefeuille de placements diversifié et a connu une croissance significative de sa valeur nette.

### 1.13.5 Budgétisation familiale de Lisa

Lisa, responsable marketing à Miami, en Floride, gérait les finances de sa famille composée de deux enfants. Elle a impliqué sa famille dans le processus budgétaire, a fixé des objectifs financiers clairs et a utilisé une combinaison de la méthode budgétaire 50/30/20 et du système d'enveloppes. En restant organisée et engagée, Lisa a réussi à constituer un fonds d'urgence et à économiser pour les études de ses enfants.

Comprendre votre situation financière est la base d'une planification budgétaire efficace et d'une réussite financière. En évaluant vos revenus, en suivant vos dépenses, en calculant votre valeur nette et en fixant des objectifs financiers SMART, vous pouvez créer un budget qui répond à vos aspirations. Utilisez des outils et des applications pour rationaliser le processus, demandez conseil à un professionnel si nécessaire et tenez compte des aspects psychologiques des dépenses pour garantir un succès à long terme.

N'oubliez pas que la budgétisation est un processus continu qui doit être revu et ajusté régulièrement. Restez motivé, célébrez vos réussites et apprenez de vos échecs pour continuer à progresser vers vos objectifs financiers. Avec une compréhension claire de votre situation financière et un engagement envers une budgétisation disciplinée, vous pouvez atteindre la stabilité financière, réduire le stress et bâtir un avenir prospère.

# Chapitre 2 : Fixer des objectifs financiers

Se fixer des objectifs financiers est une étape essentielle pour réussir financièrement. Il vous donne une orientation claire, vous motive à épargner et à investir et vous aide à prendre des décisions financières éclairées. Ce chapitre vous guide tout au long du processus de définition d'objectifs financiers efficaces, en utilisant le cadre SMART, en comprenant différents types d'objectifs financiers et en créant des plans d'action pour les atteindre. Nous examinerons également des exemples concrets pour illustrer comment d'autres ont réussi à définir et à atteindre leurs objectifs financiers.

## 2.1 L'importance de fixer des objectifs financiers

Les objectifs financiers constituent la base de la planification financière. Sans objectifs clairs, il est difficile de prendre des décisions en matière d'épargne, de dépenses et d'investissement. Voici quelques raisons pour lesquelles il est si important de fixer des objectifs financiers :

1. **Fournit une orientation :** Les objectifs financiers vous donnent une orientation et un objectif clairs. Ils vous aident à comprendre où vous voulez être financièrement et comment y arriver.
2. **Vous motive à épargner et à investir :** Des objectifs clairs peuvent vous motiver à épargner et à investir régulièrement. Savoir sur quoi vous travaillez vous aidera à rester concentré et discipliné.
3. **Aide à prioriser les dépenses :** Les objectifs financiers vous aident à prioriser vos dépenses. En vous concentrant sur ce qui compte, vous pouvez éviter les dépenses inutiles et utiliser vos ressources plus efficacement.
4. **Permet de meilleures décisions financières :** Avec des objectifs clairs, vous pouvez prendre de meilleures décisions financières. Chaque décision financière que vous

prenez peut être évaluée selon qu'elle vous rapproche de vos objectifs.

5. **Réduit le stress financier :** Des objectifs clairement définis peuvent réduire le stress financier. Vous avez un plan qui peut vous donner un sentiment de contrôle et de confiance.

## 2.2 Types d'objectifs financiers

Les objectifs financiers peuvent être globalement divisés en trois catégories : à court terme, à moyen terme et à long terme. Comprendre ces catégories peut vous aider à définir des objectifs réalistes et réalisables.

2.2.1 **Objectifs à court terme**

Les objectifs à court terme sont ceux que vous souhaitez atteindre l'année prochaine. Il s'agit généralement d'objectifs financiers plus petits et plus immédiats. Voici des exemples d'objectifs à court terme :

- Constitution d'un fonds d'urgence.

- Remboursez un petit solde de carte de crédit.
- Épargner pour des vacances.
- Création d'un budget mensuel.

**Exemple :** Sarah, une graphiste d'Austin, au Texas, se fixe comme objectif à court terme d'économiser 1 200 $ sur un nouvel ordinateur portable au cours des six prochains mois. Elle prévoit d'économiser 200 $ par mois en dépensant moins pour les repas au restaurant et les divertissements.

### 2.2.2 Objectifs à moyen terme

Les objectifs à moyen terme sont ceux que vous souhaitez atteindre d'ici un à cinq ans. Ces objectifs nécessitent plus de planification et des sommes d'argent plus importantes que les objectifs à court terme. Voici des exemples d'objectifs à moyen terme :

- Épargner pour l'acompte sur une maison.
- Remboursement des prêts étudiants.

- Épargner pour une rénovation majeure de votre maison.
- Construire un fonds d'urgence solide.

**Exemple :** John, un enseignant à Chicago, se fixe comme objectif à moyen terme d'économiser 15 000 $ pour un acompte sur une maison d'ici trois ans. Il prévoit économiser 500 $ chaque mois en mettant de côté une partie de son salaire et des primes qu'il reçoit.

2.2.3 **Objectifs à long terme**

Les objectifs à long terme sont ceux que vous souhaitez atteindre en plus de cinq ans. Ces objectifs nécessitent souvent une planification et un engagement financiers approfondis. Voici des exemples d'objectifs à long terme :

- Épargner pour la retraite.
- Financer les études collégiales d'un enfant.
- Rembourser une hypothèque.
- Construire un portefeuille d'investissement important.

**Exemple :** Emily, une infirmière de San Francisco, se fixe comme objectif à long terme d'économiser 1 million de dollars en vue de sa retraite avant 65 ans. Elle prévoit déposer 500 $ sur son compte de retraite chaque mois et augmenter ses cotisations à mesure que son revenu augmente.

## 2.3 Le cadre SMART pour fixer des objectifs financiers

Le cadre SMART est un outil puissant pour fixer des objectifs financiers efficaces. SMART signifie spécifique, mesurable, réalisable, pertinent et limité dans le temps. Comment appliquer le cadre SMART à vos objectifs financiers :

2.3.1 **Spécifique**

Vos objectifs financiers doivent être clairs et précis. Des objectifs vagues comme « économiser plus d'argent » sont moins efficaces car ils manquent de clarté. Au lieu de cela, définissez exactement ce que vous souhaitez réaliser.

**Exemple :** Carlos, un ingénieur à New York, se fixe comme objectif spécifique « d'économiser 10 000 $ sur une nouvelle voiture d'ici deux ans ».

2.3.2 **Mesurable**

Vos objectifs doivent être mesurables afin que vous puissiez suivre vos progrès. Utilisez des chiffres et des jalons concrets pour mesurer votre succès.

**Exemple :** Lisa, responsable marketing à Miami, en Floride, se fixe un objectif mesurable : "économiser 500 $ par mois pour les fonds universitaires de ses enfants".

2.3.3 **Accessible**

Fixez-vous des objectifs réalistes et réalisables qui reflètent votre situation financière actuelle. Même s'il est important de se mettre au défi, se fixer des objectifs inaccessibles peut conduire à la frustration et au découragement.

**Exemple :** Sarah se fixe un objectif réalisable de « rembourser 3 000 $ de dettes de carte de crédit dans un délai de 12 mois » en mettant de côté 250 $ chaque mois pour rembourser ses dettes.

2.3.4 **Pertinent**

Assurez-vous que vos objectifs correspondent à vos objectifs et valeurs financiers plus larges. Ils doivent être significatifs et importants pour vous.

**Exemple :** Jean se fixe comme objectif pertinent « d'économiser 20 000 $ pour une mise de fonds sur une maison », car posséder une maison est une priorité pour lui et sa famille.

## 2.3.5 Limité dans le temps

Fixez-vous un délai clair pour atteindre vos objectifs. Cela crée un sentiment d'urgence et vous aide à rester concentré.

**Exemple :** Emily se fixe un objectif limité dans le temps : « économiser 5 000 $ pour des vacances en Europe dans les 18 mois".

## 2.4 Créer un plan d'action

Une fois que vous avez défini vos objectifs financiers SMART, l'étape suivante consiste à créer un plan d'action pour les atteindre. Comment créer un plan d'action efficace :

### 2.4.1 Divisez vos objectifs

Décomposez vos objectifs financiers en tâches plus petites et gérables. Cela les rend moins écrasants et plus faciles à réaliser.

**Exemple :** Carlos décompose son objectif d'économiser 10 000 $ pour une nouvelle voiture en tâches plus petites :
- Économisez 5 000 $ la première année.
- Économisez 5 000 $ supplémentaires la deuxième année.
- Allouer 417 $ par mois à son fonds d'épargne automobile.

### 2.4.2 Priorisez vos objectifs

Tous les objectifs n'ont pas la même importance. Hiérarchisez vos objectifs en fonction de leur importance et de leur urgence. Concentrez-vous d'abord sur la réalisation de vos principales priorités.

**Exemple :** Lisa hiérarchise ses objectifs comme suit :
1. Créez un fonds d'urgence de 5 000 $.
2. Économisez 500 $ par mois pour le fonds universitaire de vos enfants.
3. Remboursez vos 10 000 $ restants en prêts étudiants.

### 2.4.3 Créer un budget

Un budget est un outil important pour atteindre vos objectifs financiers. Créez un budget qui aligne vos revenus sur vos objectifs et garantit que vous disposez de suffisamment de fonds pour épargner et investir.

**Exemple :** Sarah crée un budget qui alloue 250 $ par mois au remboursement de ses dettes de carte de crédit, 100 $ par mois à son fonds d'urgence et 150 $ par mois à son fonds de vacances.

### 2.4.4 Automatisez votre épargne

L'automatisation de votre épargne garantit que vous épargnez constamment pour atteindre vos objectifs sans avoir à y penser. Configurez des virements automatiques vers vos comptes d'épargne et d'investissement.

**Exemple :** John met en place un transfert automatique de 500 $ par mois de son compte courant vers son compte d'épargne pour l'acompte de sa maison.

### 2.4.5 Suivez vos progrès

Suivez régulièrement vos progrès vers vos objectifs financiers. Cela vous gardera motivé et vous permettra d'ajuster votre plan d'action si nécessaire.

**Exemple :** Emily utilise une application de suivi financier pour surveiller ses épargnes et ses investissements. Elle évalue ses progrès mensuellement et ajuste son budget si nécessaire.

### 2.4.6 Ajuster si nécessaire

La vie est imprévisible et votre situation financière peut changer. Soyez flexible et ajustez votre plan d'action au besoin pour rester sur la bonne voie et atteindre vos objectifs.

**Exemple :** Carlos reçoit une promotion et une augmentation. Il décide de mettre 100 $ de plus par mois dans son fonds d'épargne automobile pour atteindre son objectif plus rapidement.

## 2.5 Surmonter les obstacles et rester motivé

Atteindre vos objectifs financiers peut s'avérer difficile et vous pourriez rencontrer des obstacles en cours de route. Voici quelques stratégies pour vous aider à surmonter ces défis et à rester motivé :

2.5.1 **Identification des obstacles potentiels**

Identifiez les obstacles possibles qui pourraient entraver votre progression et développez des stratégies pour les surmonter.

**Exemple :** Sarah reconnaît les obstacles potentiels tels que les dépenses imprévues et les revenus fluctuants en tant que pigiste. Il intègre une réserve dans son budget pour relever ces défis.

### 2.5.2 **Restez concentré sur vos objectifs**

Rappelez-vous régulièrement vos objectifs financiers. Gardez vos objectifs visibles en les écrivant ou en utilisant un tableau de vision.

**Exemple :** John écrit son objectif d'épargner pour une maison et affiche le message sur son réfrigérateur afin qu'il s'en souvienne quotidiennement.

### 2.5.3 **Célébrer les jalons**

Célébrez vos progrès en vous reconnaissant et en vous récompensant pour avoir atteint des étapes importantes en cours de route. Cela peut augmenter votre motivation et vous maintenir sur la bonne voie.

**Exemple :** Emily célèbre chaque 1 000 $ qu'elle économise pour ses vacances en Europe en s'offrant une petite récompense, comme un bon dîner ou une journée au spa.

### 2.5.4 Rechercher de l'aide

Partagez vos objectifs financiers avec des amis de confiance ou des membres de votre famille qui pourront vous encourager et vous responsabiliser. Pensez à rejoindre des groupes de soutien ou des communautés en ligne.

**Exemple :** Carlos partage son objectif d'épargne automobile avec son meilleur ami, qui vérifie régulièrement ses progrès et lui offre soutien et motivation.

### 2.5.5 Réfléchissez à vos progrès

Réfléchissez régulièrement à vos progrès et aux changements positifs que vous avez apportés. Cela peut vous aider à rester motivé et à renforcer votre engagement envers vos objectifs financiers.

**Exemple :** Lisa tient un journal pour documenter son développement financier. Elle note ses succès et réfléchit au chemin parcouru.

## 2.6 Exemples pratiques de définition d'objectifs financiers

Apprendre des expériences des autres peut fournir des informations et une inspiration précieuses. Voici quelques exemples concrets de personnes qui ont réussi à définir et à atteindre leurs objectifs financiers :

2.6.1 **Fonds d'urgence de Sarah et remboursement de la dette**

Sarah, une graphiste d'Austin, au Texas, était déterminée à maîtriser ses finances. Elle avait accumulé 3 000 $ de dettes de carte de crédit et aucun fonds d'urgence. Sarah a décidé de se fixer des objectifs financiers clairs pour améliorer sa situation financière.

1. **Objectifs :**
- Construire un fonds d'urgence de 3 000 $ d'ici 12 mois.
- Remboursez 3 000 $ de dettes de carte de crédit dans les 12 mois.

2. **Plan d'action :**
- Divisez les objectifs : économisez 250 $ par mois pour le fonds d'urgence et allouez 250 $ par mois au remboursement de la dette.
- Établissez des priorités : constituez d'abord votre fonds d'urgence afin de ne pas avoir à compter sur les cartes de crédit pour des dépenses imprévues.
- Budget : créez un budget détaillé pour suivre les revenus et les dépenses et identifier les domaines dans lesquels vous pouvez économiser sur les dépenses discrétionnaires.
- Automatisez les économies : configurez des transferts automatiques de 250 $ par mois vers un compte d'épargne de fonds d'urgence distinct.

- Suivre les progrès : utilisez une application financière pour suivre les progrès et ajuster le budget si nécessaire.

3. **Défis et solutions :**
- Dépenses imprévues : Sarah a dû faire face à des dépenses imprévues, mais son fonds d'urgence croissant lui a fourni un tampon. Elle a temporairement ajusté son budget pour couvrir ces coûts sans affecter son plan global.
- Revenu fluctuant : En tant que pigiste, les revenus de Sarah fluctuaient chaque mois. Pendant les mois où les revenus étaient élevés, elle épargnait davantage pour compenser les périodes plus creuses.

4. **Résultats :**
- Après 12 mois, Sarah avait réussi à constituer un pécule de 3 000 $ et à rembourser sa dette de carte de crédit. Elle se sentait plus en sécurité financièrement et était motivée à se fixer de nouveaux objectifs financiers, comme épargner pour des vacances et augmenter ses cotisations de retraite.

2.6.2 **Le rêve de John de posséder sa propre maison**

John, un enseignant de Chicago, et sa femme rêvaient de posséder leur propre maison. Ils se sont fixé comme objectif à moyen terme d'économiser la mise de fonds pour une maison dans un délai de trois ans.

1. **Objectifs :**
- Économisez 20 000 $ pour une mise de fonds dans les trois ans.

2. **Plan d'action :**
- Divisez l'objectif : économisez 667 $ par mois pour atteindre l'objectif de 20 000 $ en trois ans.
- Prioriser : réduisez les dépenses non essentielles comme les repas au restaurant et les vacances pour en avoir davantage à disposition pour économiser.
- Budget : créez un budget mensuel détaillé pour suivre les revenus, les dépenses et les économies.

- Automatisez l'épargne : configurez des transferts automatiques de 667 $ par mois vers un compte d'épargne distinct dédié à l'acompte.
- Suivre les progrès : vérifiez mensuellement la progression de votre budget et de vos économies et effectuez les ajustements nécessaires.

3. **Défis et solutions :**
- Coût de la vie élevé : comme John et sa femme vivaient dans une ville chère, ils devaient être particulièrement disciplinés dans leurs dépenses. Ils ont cherché des moyens de réduire les coûts, par exemple en négociant des services publics moins élevés et en trouvant des options de divertissement gratuites ou à faible coût.
- Restez motivés : Pour rester motivés, ils ont créé un tableau de vision avec des photos de la maison de leurs rêves et ont régulièrement discuté de leurs progrès.

4. **Résultats :**
- Après trois années d'épargne et de budgétisation disciplinées, John et sa femme ont réussi à économiser 20 000 $ pour une mise de

fonds. Ils ont acheté leur première maison et ont franchi une étape importante dans leur parcours financier.

### 2.6.3 Planification de la retraite d'Emily

Emily, une infirmière de San Francisco, voulait s'assurer une retraite confortable. Elle s'est fixé comme objectif à long terme d'économiser 1 million de dollars pour sa retraite avant 65 ans.

1. **Objectifs :**
- Économisez 1 million de dollars pour la retraite avant 65 ans.

2. **Plan d'action :**
- Décomposez l'objectif : calculez combien vous devez épargner mensuellement, en tenant compte du retour sur investissement, pour atteindre l'objectif d'un million de dollars.
- Prioriser : maximiser les cotisations aux comptes de retraite tels que 401(k) et IRA.

- Budget : Créez un budget qui consacre une partie importante de vos revenus à l'épargne-retraite.
- Automatisez l'épargne : configurez des dépôts automatiques sur des comptes de retraite chaque mois.
- Suivez les progrès : surveillez les performances des investissements et ajustez les cotisations si nécessaire.

3. **Défis et solutions :**
- Volatilité des marchés : Emily craignait que les fluctuations du marché puissent affecter son épargne-retraite. Elle diversifiait son portefeuille de placements pour gérer les risques et consultait régulièrement un conseiller financier.
- Équilibrer les besoins à court terme : Équilibrer les dépenses courantes avec les économies à long terme était un défi. Emily revoyait régulièrement son budget pour s'assurer de respecter son calendrier sans compromettre ses besoins actuels.

4. **Résultats :**

- Grâce à des dépôts réguliers sur ses comptes de retraite et à des décisions de placement éclairées, Emily a pu augmenter régulièrement son épargne-retraite. À 65 ans, elle a atteint son objectif d'un million de dollars et s'est assuré une retraite confortable.

## 2.6.4 Création de richesse par Carlos grâce aux investissements

Carlos, un ingénieur de New York, souhaitait créer une richesse importante grâce à des investissements stratégiques. Il s'est fixé comme objectif à long terme d'augmenter son portefeuille de placements à 500 000 $ d'ici dix ans.

1. **Objectifs :**
- Construire un portefeuille d'investissement de 500 000 $ d'ici dix ans.

2. **Plan d'action :**
- Décomposer l'objectif : Déterminez combien vous devez investir mensuellement, en tenant

compte du rendement attendu, pour atteindre l'objectif de 500 000 $.
- Prioriser : allouez une partie de votre salaire et de vos primes aux comptes d'investissement.
- Budget : créez un budget qui comprend des contributions d'investissement mensuelles.
- Automatiser les investissements : mettre en place des transferts automatiques vers ses comptes d'investissement.
- Suivre les progrès : examiner régulièrement les performances des investissements et équilibrer le portefeuille si nécessaire.

3. **Défis et solutions :**
- Connaissances en investissement : Carlos a pris beaucoup de temps pour se renseigner sur les différentes opportunités et stratégies d'investissement. Il a également consulté un conseiller financier pour prendre des décisions éclairées.
- Risques de marché : Pour minimiser les risques, Carlos a diversifié ses investissements en actions, obligations et immobilier. Il a maintenu une perspective à long terme pour

rester concentré pendant les ralentissements des marchés.

4. **Résultats :**
- Grâce à des investissements disciplinés et à des dépôts réguliers, Carlos a bâti un portefeuille d'investissement diversifié. Après dix ans, il a atteint son objectif d'un portefeuille de 500 000 $, augmentant ainsi considérablement sa valeur nette et sa sécurité financière.

### 2.6.5 Objectifs financiers familiaux de Lisa

Lisa, responsable marketing à Miami, en Floride, gérait les finances de sa famille composée de deux enfants. Elle s'est fixé plusieurs objectifs financiers pour assurer le bien-être financier de sa famille.

1. **Objectifs :**
- Construire un fonds d'urgence de 10 000 $ d'ici 18 mois.
- Économisez 50 000 $ pour les études collégiales de leurs enfants d'ici dix ans.

- Rembourser 20 000 $ de prêts étudiants en cinq ans.

2. **Plan d'action :**
- Divisez les objectifs : Allouez un montant spécifique à chaque objectif chaque mois.
- Établissez des priorités : concentrez-vous d'abord sur la constitution d'un fonds d'urgence, puis épargnez pour le remboursement des prêts universitaires et étudiants.
- Budget : créez un budget familial pour suivre les revenus, les dépenses et les économies pour chaque objectif.
- Automatisez les économies : configurez des transferts automatiques vers des comptes séparés pour chaque objectif.
- Suivre les progrès : examinez mensuellement l'évolution de votre budget et de vos économies avec votre mari.

3. **Défis et solutions :**
- Équilibrer plusieurs objectifs : équilibrer les économies entre plusieurs objectifs nécessitait une planification minutieuse. Lisa et son mari

révisaient régulièrement leur budget pour s'assurer qu'ils étaient sur la bonne voie.
- Dépenses imprévues : Avec deux enfants, les dépenses imprévues n'étaient pas rares. Ils ont maintenu un budget flexible pour couvrir ces dépenses sans compromettre leurs objectifs d'épargne.

4. **Résultats :**
- Lisa et son mari ont réussi à constituer un fonds d'urgence en 18 mois, assurant ainsi la sécurité financière de leur famille. Ils ont continué à épargner pour les études de leurs enfants et ont fait des progrès constants dans le remboursement de leurs prêts étudiants, atteignant ainsi la stabilité financière et la tranquillité d'esprit.

Fixer des objectifs financiers est une étape cruciale pour réussir financièrement. Grâce au cadre SMART, vous pouvez définir des objectifs clairs, réalisables et réalisables qui fournissent des conseils et de la motivation. Décomposer vos objectifs, les hiérarchiser, créer un budget, automatiser les économies et suivre régulièrement vos progrès sont des stratégies essentielles pour réussir.

Des exemples concrets montrent qu'avec de la discipline, de la planification et les bonnes stratégies, n'importe qui peut fixer et atteindre ses objectifs financiers. Que vous souhaitiez constituer un fonds d'urgence, épargner pour une mise de fonds sur une maison, planifier votre retraite ou investir pour l'avenir, l'établissement d'objectifs financiers clairs est la base de votre parcours financier.

À mesure que vous avancez, n'oubliez pas que l'établissement d'objectifs financiers n'est pas une activité ponctuelle. Revoyez régulièrement vos objectifs et ajustez-les à mesure que votre situation financière et vos priorités évoluent. Restez motivé, célébrez vos jalons et recherchez du soutien en cas de besoin. En fixant et en atteignant vos objectifs financiers, vous pouvez bâtir un avenir financier sûr et atteindre la liberté financière que vous désirez.

# Chapitre 3 : Créer un budget

Créer un budget est une étape fondamentale pour prendre le contrôle de votre avenir financier. Un budget bien conçu vous aide à comprendre vos revenus et vos dépenses, à prioriser vos dépenses et à allouer des ressources pour atteindre vos objectifs financiers. Ce chapitre fournit un guide complet pour comprendre, créer et maintenir un budget efficace. Nous couvrons les bases de la budgétisation, les différentes méthodes de budgétisation, des conseils pour respecter votre budget et des exemples concrets pour illustrer des stratégies budgétaires réussies.

## 3.1 Les bases de la budgétisation

La budgétisation consiste à créer un plan pour gérer votre argent. Vous suivez vos revenus et dépenses, fixez des objectifs financiers et allouez des fonds pour atteindre ces objectifs. Les principaux objectifs de la budgétisation sont de garantir que vous vivez selon vos moyens, d'éviter les dettes et d'épargner pour vos besoins futurs.

### 3.1.1 **Comprendre vos revenus**

La première étape pour créer un budget consiste à comprendre vos revenus. Cela inclut toutes les sources d'argent que vous recevez, telles que :

- **Salaire/Salaire :** Revenu régulier provenant de votre travail.
- **Bonus :** Revenu supplémentaire provenant du travail.
- **Emplois indépendants/à temps partiel :** Revenus provenant d'un travail à temps partiel ou indépendant.
- **Gains en capital :** Revenus d'investissements tels que dividendes ou intérêts.
- **Prestations gouvernementales :** Toute aide gouvernementale que vous recevez.
- **Pension alimentaire/Support pour enfants** : Paiements effectués dans le cadre d'un divorce ou dans le cadre d'accords de pension alimentaire pour enfants.

**Exemple :** Jane, responsable marketing à Seattle, Washington, a un revenu mensuel de 4 500 $ provenant de son travail, de 200 $ provenant de son travail indépendant et de 50 $ provenant des dividendes sur ses investissements. Votre revenu mensuel total est de 4 750 $.

### 3.1.2 Suivi de vos dépenses

Surveiller vos dépenses est crucial pour comprendre où vous dépensez votre argent et identifier les domaines dans lesquels vous pouvez réduire. Les dépenses peuvent être divisées en coûts fixes et coûts variables :

- **Dépenses fixes :** Dépenses régulières et prévisibles qui restent les mêmes chaque mois (par exemple loyer/hypothèque, assurance, paiements de voiture).
- **Dépenses variables :** Coûts qui fluctuent chaque mois (par exemple, épicerie, services publics, divertissement, repas au restaurant).

**Exemple :** Les frais fixes de Jane comprennent 1 200 $ pour le loyer, 150 $ pour l'assurance automobile et 300 $ pour le remboursement du prêt étudiant. Vos coûts variables comprennent 400 $ pour l'épicerie, 100 $ pour les services publics, 200 $ pour les repas au restaurant et 150 $ pour les divertissements.

### 3.1.3 Fixer des objectifs financiers

Fixer des objectifs financiers clairs est essentiel pour créer un budget efficace. Ces objectifs vous aideront à prioriser vos dépenses et vos économies. Les objectifs financiers peuvent être à court terme (moins d'un an), à moyen terme (1 à 5 ans) ou à long terme (plus de 5 ans).

**Exemple :** Les objectifs financiers de Jane incluent la constitution d'un fonds d'urgence de 6 000 $ en un an, l'épargne de 15 000 $ pour un acompte sur une maison d'ici trois ans et une contribution de 300 $ par mois à son fonds de retraite.

### 3.1.4 **Affectation de vos revenus**

Une fois que vous connaissez vos revenus et dépenses et que vous avez fixé vos objectifs financiers, l'étape suivante consiste à répartir vos revenus. Vous devrez décider combien d'argent allouer à chaque catégorie de dépenses et objectif d'épargne.

**Exemple :** Jane divise son revenu mensuel de 4 750 $ comme suit :
- Loyer : 1 200 $
- Assurance automobile : 150 $
- Remboursements du prêt étudiant : 300 $
- Épicerie : 400 $
- Utilitaires : 100 $
- Dîner au restaurant : 200 $
- Divertissement : 150 $
- Fonds d'urgence : 500 $
- Économiser le dépôt : 500 $
- Fonds de retraite : 300$

- Autre : 150$

### 3.1.5 Création d'un modèle de budget

La création d'un modèle de budget peut vous aider à organiser et à suivre vos revenus et dépenses. Vous pouvez utiliser un logiciel de budgétisation, des applications, des feuilles de calcul ou même un stylo et du papier.

**Exemple :** Jane crée son modèle de budget à l'aide d'une feuille de calcul. En haut, elle indique ses revenus, suivis de ses dépenses fixes et variables et de ses objectifs d'épargne. Elle met à jour le modèle mensuellement pour suivre ses dépenses et s'assurer qu'elle respecte son budget.

## 3.2 Méthodes de budgétisation

Il existe plusieurs méthodes de budgétisation parmi lesquelles choisir, chacune ayant ses propres avantages et inconvénients. La méthode qui vous convient le mieux dépend de votre situation financière, de vos objectifs et de vos préférences personnelles. Voici quelques méthodes de budgétisation populaires :

3.2.1 **Le budget 50/30/20**

Le budget 50/30/20 est une méthode de budgétisation simple et populaire. Votre revenu après impôts est divisé en trois catégories :
- **50 % pour les nécessités :** Dépenses de base telles que le logement, les services publics, l'épicerie, le transport, l'assurance et le paiement minimum de la dette.
- **30 % pour les souhaits :** Dépenses discrétionnaires telles que les repas au restaurant, les divertissements, les loisirs et les voyages.
- **20 % pour l'épargne et le remboursement des dettes :** Épargne pour un fonds d'urgence, la planification de la retraite, les investissements et le remboursement supplémentaire des dettes.

**Exemple :** John, un enseignant à Boston, dans le Massachusetts, a un revenu mensuel net de 3 000 $. Avec le budget 50/30/20, il alloue 1 500 $ (50 %) aux besoins, 900 $ (30 %) aux désirs et 600 $ (20 %) à l'épargne et au remboursement des dettes.

### 3.2.2 Budget base zéro

Un budget de base zéro vous oblige à utiliser chaque dollar de votre revenu pour dépenser, épargner et rembourser vos dettes, de sorte que votre revenu moins les dépenses soit égal à zéro. Cette méthode garantit que vous donnez un but à chaque dollar et vous évite de dépenser trop.

**Exemple :** Emily, une infirmière à San Francisco, en Californie, gagne 5 000 $ par mois. Elle crée un budget de base zéro en attribuant chaque dollar à une catégorie spécifique jusqu'à ce que ses revenus moins ses dépenses soient égaux à zéro.

### 3.2.3 Système d'enveloppe

Le système d'enveloppes est une méthode de budgétisation basée sur la trésorerie. Vous allouez de l'argent à différentes catégories de dépenses en plaçant l'argent liquide dans des enveloppes étiquetées. Si une enveloppe est vide, vous ne pourrez rien dépenser dans cette catégorie avant la prochaine période budgétaire.

**Exemple :** Carlos, ingénieur à New York, utilise le système d'enveloppes pour gérer son budget mensuel. Il alloue 400 $ pour l'épicerie, 200 $ pour les repas au restaurant et 100 $ pour les divertissements. Il met les montants respectifs dans des enveloppes étiquetées et paie ces dépenses en espèces.

### 3.2.4 Le budget « Payez-vous d'abord »

Le budget de paiement en premier donne la priorité à l'épargne et à l'investissement avant les autres dépenses. Vous utilisez d'abord une partie de vos revenus pour l'épargne et les investissements, puis utilisez le montant restant pour vos dépenses.

**Exemple :** Lisa, responsable marketing à Miami, en Floride, décide de se payer d'abord en transférant automatiquement 1 000 $ sur ses comptes d'épargne et d'investissement chaque mois. Elle budgétise ensuite les 3 500 $ restants pour ses dépenses mensuelles.

3.2.5 **Le budget 80/20**

Le budget 80/20 est une version simplifiée du budget « payez-vous d'abord ». Vous épargnez et investissez 20 % de vos revenus et utilisez les 80 % restants pour toutes les autres dépenses.

**Exemple :** Jane utilise la méthode budgétaire 80/20. Avec un revenu mensuel de 4 750 $, elle économise 950 $ (20 %) et utilise les 3 800 $ restants (80 %) pour ses dépenses.

## 3.3 Étapes pour créer un budget efficace

Créer un budget efficace implique plusieurs étapes importantes. Voici un guide étape par étape pour vous aider à créer un budget qui vous convient :

### 3.3.1 Étape 1 : Collecter des informations financières

Rassemblez toutes les informations financières nécessaires, notamment :
- Fiches de paie et justificatifs de revenus.
- Relevés bancaires et de carte de crédit.
- Factures et reçus.
- Tous autres documents financiers pertinents.

### 3.3.2 Étape 2 : Calculez votre revenu total

Additionnez toutes les sources de revenus pour déterminer votre revenu mensuel total. Tenez compte du salaire, des primes, du travail indépendant, des revenus de placement et de toute autre source.

**Exemple :** Le revenu mensuel total de Jane est de 4 750 $.

### 3.3.3 Étape 3 : Répertoriez et catégorisez vos dépenses

Répertoriez toutes vos dépenses mensuelles et classez-les en dépenses fixes et variables.

**Exemple :** Les dépenses de Jane comprennent les coûts fixes tels que le loyer, l'assurance automobile et le remboursement du prêt étudiant, ainsi que les coûts variables tels que l'épicerie, les services publics, les restaurants et les divertissements.

### 3.3.4 Étape 4 : Fixer des objectifs financiers

Fixez-vous des objectifs financiers clairs et SMART. Déterminez combien vous devez épargner ou allouer chaque mois pour atteindre ces objectifs.

**Exemple :** Les objectifs de Jane incluent la constitution d'un fonds d'urgence, l'épargne pour un acompte et la contribution à son fonds de retraite.

### 3.3.5 Étape 5 : Répartir vos revenus

Divisez vos revenus pour que vos dépenses soient couvertes et que vous atteigniez vos objectifs financiers. Assurez-vous que vos dépenses et vos économies totales sont égales à votre revenu total.

**Exemple :** Jane divise son revenu mensuel de 4 750 $ en différentes catégories de dépenses et d'épargne pour s'assurer de respecter son budget.

### 3.3.6 Étape 6 : Surveillez et ajustez votre budget

Surveillez régulièrement votre budget pour suivre vos dépenses et vos économies. Ajustez votre budget si nécessaire pour refléter les changements de revenus ou de dépenses.

**Exemple :** Jane examine son budget chaque mois et apporte des ajustements en cas de dépenses imprévues ou de changements dans sa situation financière.

## 3.4 Conseils pour respecter votre budget

Créer un budget n'est que la première étape. Respecter votre budget demande de la discipline et de l'engagement. Voici quelques conseils pour vous aider à rester sur la bonne voie :

3.4.1 **Utiliser les outils de budgétisation**

Utilisez des outils et des applications de budgétisation pour suivre vos revenus et dépenses, définir des rappels et suivre vos progrès. Certains des outils de budgétisation les plus populaires incluent Mint, YNAB (You Need A Budget) et EveryDollar.

**Exemple :** John utilise l'application Mint pour suivre ses dépenses et recevoir des notifications lorsqu'il approche de sa limite de dépenses.

### 3.4.2 Automatiser les économies et les paiements

Emily met en place des virements automatiques vers son compte d'épargne et son compte de retraite chaque jour de paie. Elle s'est également inscrite au paiement automatique de son loyer, de ses services publics et de ses factures de carte de crédit afin d'éviter les frais de retard et de maintenir un bon crédit.

### 3.4.3 Suivez régulièrement vos dépenses

Garder régulièrement une trace de vos dépenses vous aidera à suivre vos habitudes financières et à les ajuster si nécessaire. Tenez un journal de tous vos achats et catégorisez-les pour voir où va votre argent.

**Exemple :** Carlos tient un journal des dépenses quotidiennes à l'aide d'une feuille de calcul. Chaque soir, il enregistre ses achats, les catégorise et compare ses dépenses réelles avec son budget.

### 3.4.4 **Examinez et ajustez votre budget mensuellement**

À la fin de chaque mois, examinez votre budget pour évaluer dans quelle mesure vous l'avez respecté. Identifiez les domaines dans lesquels vous avez dépensé trop ou pas assez et ajustez votre budget pour le mois prochain en conséquence.

**Exemple :** Lisa examine son budget avec son mari à la fin de chaque mois. Ils discutent de tout changement dans leur situation financière, comme des dépenses imprévues ou des fluctuations de revenus, et ajustent leur budget pour ne pas perdre de vue leurs objectifs.

### 3.4.5 **Limiter les dépenses discrétionnaires**

Les dépenses discrétionnaires peuvent rapidement faire exploser un budget. Identifiez les dépenses non essentielles comme les repas au restaurant, les divertissements et les achats impulsifs et fixez des limites pour éviter les dépenses excessives.

**Exemple :** Jane se rend compte qu'elle dépense trop pour aller au restaurant. Elle fixe une limite mensuelle de 150 $ pour les repas au restaurant et décide de cuisiner davantage de repas à la maison pour économiser de l'argent.

3.4.6 **Créer un fonds d'urgence**

Un fonds d'urgence est important pour couvrir les dépenses imprévues sans casser votre budget. Essayez d'économiser trois à six mois de frais de subsistance sur un compte d'épargne séparé.

**Exemple :** John s'engage à constituer un pécule de 9 000 $, ce qui équivaut à trois mois de frais de subsistance. Il met de côté 500 $ chaque mois jusqu'à ce qu'il atteigne son objectif.

3.4.7 **Évitez les achats impulsifs**

Les achats impulsifs peuvent faire exploser votre budget. Pour les éviter, faites une liste de courses avant de faire vos courses, respectez-la et accordez-vous un délai de réflexion avant de faire des achats non essentiels.

**Exemple :** Emily utilise une règle des 24 heures pour les achats non essentiels. Si elle souhaite acheter quelque chose qui ne figure pas sur sa liste, elle attend 24 heures avant de procéder à l'achat. Cela l'aide à éviter les achats impulsifs et à respecter son budget.

### 3.4.8 Utiliser de l'argent liquide pour toutes dépenses

Utiliser de l'argent liquide pour toute dépense peut vous aider à respecter votre budget. Une fois l'argent épuisé, vous ne pourrez plus rien dépenser dans cette catégorie.

**Exemple :** Carlos utilise le système d'enveloppes pour ses catégories de dépenses discrétionnaires. Il retire de l'argent au début du mois et le met dans des enveloppes étiquetées pour les sorties au restaurant, les divertissements et les courses. Lorsqu'une enveloppe est vide, elle n'émet plus dans cette catégorie.

### 3.4.9 Trouver des alternatives bon marché

Recherchez des alternatives abordables aux activités et achats coûteux. De cette façon, vous pouvez économiser de l'argent tout en profitant des choses que vous aimez.

**Exemple :** Lisa et sa famille aiment aller au cinéma, mais cela peut coûter cher. Vous décidez d'organiser une soirée cinéma en famille à la maison une fois par semaine et de louer ou de diffuser des films à la place. Cela leur permet d'économiser de l'argent et de passer un temps précieux en famille.

### 3.4.10 Restez motivé avec des éléments visuels

Des rappels visuels de vos objectifs financiers peuvent vous aider à rester motivé. Créez un tableau de vision, suivez vos progrès avec des graphiques ou utilisez une application de suivi d'objectifs pour voir jusqu'où vous êtes arrivé.

**Exemple :** Jane crée un tableau de vision avec des images qui représentent ses objectifs financiers, comme une maison, une destination de vacances et une retraite confortable. Elle accroche le tableau de visualisation dans son bureau pour lui rappeler quotidiennement pourquoi elle établit un budget et épargne.

## 3.5 Surmonter les problèmes de budgétisation

Même avec les meilleures intentions, la budgétisation peut s'avérer difficile. Voici quelques obstacles budgétaires courants et des stratégies pour les surmonter :

3.5.1 **Revenus irréguliers**

Si vous avez un revenu irrégulier, la budgétisation peut être difficile. Les pigistes, les travailleurs à commission et les travailleurs saisonniers sont souvent confrontés à ce défi. Pour faire face aux revenus irréguliers, estimez votre revenu mensuel moyen et établissez votre budget autour de ce chiffre. Économisez un revenu supplémentaire pendant les mois à revenu élevé pour couvrir les mois à faible revenu.

**Exemple :** John, écrivain indépendant, estime son revenu mensuel moyen à 3 000 $. Les mois où il gagne plus, il épargne l'excédent dans un compte tampon pour couvrir les mois les plus maigres.

3.5.2 **Dépenses imprévues**

Des dépenses inattendues comme les frais médicaux ou les réparations automobiles peuvent faire exploser votre budget. Avoir un fonds d'urgence et revoir régulièrement votre budget peut vous aider à gérer ces coûts sans mettre en péril votre plan financier.

**Exemple :** Emily fait soudainement face à une facture médicale de 800 $. Elle utilise son fonds d'urgence pour couvrir les frais, puis reconstitue le fonds en ajustant son budget pour les mois suivants.

### 3.5.3 Remboursement de la dette

Équilibrer le remboursement de la dette avec d'autres objectifs financiers peut être difficile. Donnez la priorité aux dettes à taux d'intérêt élevé et envisagez des stratégies de remboursement de la dette telles que la méthode boule de neige ou avalanche.

**Exemple :** Carlos a 10 000 $ de dettes de carte de crédit avec un taux d'intérêt de 20 % et 15 000 $ en prêts étudiants avec un taux d'intérêt de 5 %. Il donne la priorité au remboursement des dettes de carte de crédit, en utilisant la méthode des avalanches pour minimiser les paiements d'intérêts.

### 3.5.4 Restez discipliné

Rester discipliné et respecter son budget nécessite un engagement et un suivi régulier. Définissez des rappels, révisez régulièrement votre budget et récompensez-vous pour rester sur la bonne voie.

**Exemple :** Lisa et son mari ont fixé une date mensuelle de révision du budget. Ils discutent de leurs progrès, célèbrent les petits succès et ajustent leur budget si nécessaire pour rester motivés.

### 3.5.5 Épuisement budgétaire

L'épuisement budgétaire peut survenir lorsque vous vous sentez limité ou dépassé par votre budget. Pour éviter l'épuisement professionnel, prévoyez une certaine flexibilité et incluez de l'argent amusant dans votre budget afin de pouvoir le dépenser sans vous sentir coupable.

**Exemple :** Jane met de côté 100 $ chaque mois pour dépenser de l'argent. Elle peut le dépenser pour tout ce qu'elle aime sans se sentir coupable. Cela l'aide à rester motivée et à éviter l'épuisement budgétaire.

### 3.5.6 Dépenses incohérentes

Certaines dépenses, comme les factures de services publics ou l'épicerie, peuvent varier chaque mois. Pour gérer les dépenses irrégulières, estimez les coûts mensuels moyens et ajustez si nécessaire. Envisagez de créer un fonds tampon pour couvrir les coûts plus élevés que prévu.

**Exemple :** John estime ses frais d'épicerie mensuels à 400 $ sur la base de ses dépenses antérieures. Il crée un fonds tampon de 100 $ pour couvrir les mois où ses coûts alimentaires sont plus élevés que prévu.

### 3.5.7 Manque de connaissances financières

Un manque de connaissances financières peut rendre la budgétisation intimidante. Découvrez des sujets liés aux finances personnelles grâce à des livres, des cours en ligne, des podcasts et des conseillers financiers.

**Exemple :** Emily suit un cours de finances personnelles pour en savoir plus sur la budgétisation, l'épargne et l'investissement. Elle lit également des livres d'experts financiers comme Dave Ramsey et Suze Orman pour élargir ses connaissances.

## 3.6 Exemples pratiques de budgétisation réussie

Apprendre des expériences des autres peut fournir des informations et une inspiration précieuses. Voici quelques exemples concrets de personnes qui ont réussi à créer et à respecter des budgets :

3.6.1 **Le chemin de Sarah vers la liberté financière**

Sarah, une graphiste d'Austin, au Texas, était déterminée à prendre le contrôle de ses finances et à rembourser ses dettes de carte de crédit. Elle a créé un budget de base zéro pour allouer chaque dollar de ses revenus à des catégories spécifiques.

1. **Revenus et dépenses :**
- Revenu mensuel : 3 500$
- Loyer : 1 000 $
- Épicerie : 300$
- Utilitaires : 150 $
- Transport : 200 $
- Paiements minimums de la dette : 300 $
- Dépenses discrétionnaires : 200$
- Économies : 200 $
- Paiements de dettes supplémentaires : 1 150 $

2. **Stratégie budgétaire :**
- Sarah a donné la priorité au remboursement de ses dettes de carte de crédit en consacrant une partie importante de ses revenus au remboursement de dettes supplémentaires.

- Elle a suivi ses dépenses à l'aide d'une application de budgétisation et a ajusté son budget mensuellement.

3. Résultats:**
- Sarah a remboursé 10 000 $ de dettes de carte de crédit en 18 mois.
- Elle a constitué un fonds d'urgence et a commencé à épargner pour un acompte sur une maison.

### 3.6.2 Le cheminement de John vers l'accession à la propriété

John, un enseignant de Chicago, dans l'Illinois, et sa femme se sont fixés pour objectif d'économiser pour l'acompte d'une maison d'ici trois ans. Ils ont utilisé la méthode budgétaire 50/30/20 pour gérer leurs finances.

1. **Revenus et dépenses :**
- Revenu mensuel : 5 000 $
- Besoins (50%) : 2 500$ (loyer, services publics, épicerie, transport)

- Souhaits (30 %) : 1 500 $ (repas au restaurant, divertissement, passe-temps)
- Épargne et remboursement de dettes (20 %) : 1 000 $ (mise de fonds, épargne-retraite)

2. **Stratégie budgétaire :**
- John et sa femme ont donné la priorité à l'épargne pour une mise de fonds en consacrant 20 % de leurs revenus à l'épargne et au remboursement de leurs dettes.
– Ils ont mis en place des virements automatiques sur leur compte épargne et ont révisé leur budget mensuellement.

3. Résultats:**
- Vous avez économisé 36 000 $ pour une mise de fonds en trois ans.
– Ils ont acheté leur première maison et ont continué à gérer leurs finances avec le budget 50/30/20.

### 3.6.3 Réussite de la planification de la retraite d'Emily

Emily, une infirmière de San Francisco, en Californie, souhaitait s'assurer une retraite confortable. Elle a choisi la méthode budgétaire « payez-vous d'abord » pour prioriser ses épargnes et ses investissements.

1. **Revenus et dépenses :**
- Revenu mensuel : 6 000$
- Épargne et placements : 1 200 $ (20 %)
- Frais fixes : 2 500 $ (loyer, assurances, remboursements de prêt)
- Dépenses variables : 2 300 $

2. **Stratégie budgétaire :**
- Emily a mis en place des transferts automatiques vers ses comptes de retraite et d'investissement dès qu'elle a reçu son chèque de paie, s'assurant qu'elle se payait en premier.
- Elle a gardé une trace de ses dépenses restantes pour respecter son budget de coûts fixes et variables.

3. Résultats:**

- Grâce à l'approche disciplinée d'Emily, elle a pu constituer un important fonds de retraite et un portefeuille de placements en cinq ans.
- Elle a acquis une sécurité financière et une tranquillité d'esprit en sachant qu'elle était bien préparée pour la retraite.

### 3.6.4 Gestion efficace des dépenses de Carlos

Carlos, un ingénieur de New York, avait du mal à maîtriser ses dépenses. Afin de maîtriser ses finances, il décide d'introduire le système de transbordement.

1. **Revenus et dépenses :**
- Revenu mensuel : 7 000$
- Frais fixes : 3 500 $ (hypothèque, assurance, versements de prêt)
- Dépenses variables : 1 000 $ (nourriture, services publics)
- Dépenses discrétionnaires : 1 500 $ (repas au restaurant, divertissement, passe-temps)
- Épargne et placements : 1 000 $

2. **Stratégie budgétaire :**
- Carlos retirait de l'argent au début de chaque mois et le distribuait dans des enveloppes étiquetées pour chaque catégorie de dépenses discrétionnaires.
- Grâce à ces enveloppes, il a gardé une trace stricte de ses dépenses et s'est assuré de ne pas dépenser trop.

3. Résultats:**
- En utilisant le système d'enveloppes, Carlos a réduit ses dépenses et économisé 500 $ supplémentaires par mois.
- Il a redistribué ses économies vers son fonds d'urgence et ses comptes d'investissement, renforçant ainsi sa situation financière.

### 3.6.5 Budgétisation familiale de Lisa et Mark

Lisa, responsable marketing, et son mari Mark, développeur de logiciels de Miami, en Floride, souhaitaient équilibrer les dépenses de leur famille tout en économisant pour les études de leurs enfants. Ils ont choisi la méthode budgétaire 80/20.

1. **Revenus et dépenses :**
- Revenu mensuel combiné : 10 000 $
- Épargne et investissements : 2 000 $ (20 %)
- Frais fixes : 4 500 $ (hypothèque, assurances, remboursements de prêt, frais de scolarité)
- Dépenses variables : 3 500 $ (nourriture, services publics, transport, dépenses discrétionnaires)

2. **Stratégie budgétaire :**
- Lisa et Mark ont automatiquement transféré 20 % de leurs revenus sur leurs comptes d'épargne et de placement.
- Ils ont surveillé de près leurs dépenses variables et ajusté leurs dépenses discrétionnaires pour s'assurer qu'elles respectaient leur budget.

3. Résultats:**
- Ils ont économisé suffisamment pour couvrir les frais de scolarité de leurs enfants pendant

quatre ans et ont continué à cotiser des sommes importantes sur leurs comptes de retraite.
- Leur budgétisation disciplinée leur a permis d'atteindre plusieurs objectifs financiers en même temps.

## 3.7 Outils et ressources pour une budgétisation efficace

L'utilisation des bons outils et ressources peut améliorer votre planification budgétaire. Voici quelques recommandations :

3.7.1 **Applications et logiciels de budgétisation**

- **Mint :** Une application complète pour suivre les dépenses, créer des budgets et définir des objectifs financiers.
- **YNAB (You Need A Budget) :** Se concentre sur la budgétisation proactive et la priorisation des objectifs financiers.
- **EveryDollar :** Une application simple et facile à utiliser basée sur la méthode de budgétisation de base zéro.

### 3.7.2 Livres de planification financière

- **"The Total Money Makeover" par Dave Ramsey :** Offre des conseils pratiques sur la budgétisation, la réduction de la dette et la planification financière.
- **« Votre argent ou votre vie » par Vicki Robin et Joe Dominguez :** Se concentre sur le changement de votre relation avec l'argent et l'atteinte de l'indépendance financière.
- **« Je t'apprendrai à être riche » de Ramit Sethi :** Propose un programme de six semaines pour la réussite financière, comprenant des conseils en matière de budgétisation.

### 3.7.3 Cours et podcasts en ligne

- **Coursera et Udemy :** proposent une variété de cours de finances personnelles couvrant la budgétisation, l'investissement et la planification financière.
- **Podcasts :** "The Dave Ramsey Show", "ChooseFI" et "The Stacking Benjamins Show"

fournissent des informations et des conseils précieux sur la budgétisation et les finances personnelles.

### 3.7.4 Conseillers financiers

Consulter un conseiller financier peut vous fournir des conseils personnalisés et vous aider à créer un budget adapté à vos objectifs et à votre situation spécifiques. Les conseillers peuvent vous fournir des conseils sur la gestion de la dette, les stratégies d'épargne et les options de placement.

### 3.7.5 Groupes communautaires et d'entraide

Rejoindre des groupes de littératie financière ou des communautés en ligne peut apporter du soutien, de la motivation et de la responsabilité. Se connecter avec d'autres personnes ayant des objectifs financiers similaires peut vous aider à rester sur la bonne voie et à tirer des leçons de leurs expériences.

## 3.8 Les avantages à long terme de la budgétisation

La budgétisation ne consiste pas seulement à gérer votre argent de mois en mois ; il offre également des avantages à long terme qui peuvent avoir un impact significatif sur votre situation financière et votre qualité de vie.

### 3.8.1 Sécurité financière

Un budget bien géré vous permet de vivre selon vos moyens, d'éviter les dettes inutiles et de constituer des économies. Cette sécurité financière procure une tranquillité d'esprit et réduit le stress.

### 3.8.2 Atteinte des objectifs

Un budget peut vous aider à atteindre vos objectifs financiers, que vous souhaitiez acheter une maison, démarrer une entreprise ou profiter d'une retraite confortable. En épargnant et en investissant régulièrement, vous pouvez atteindre ces objectifs plus efficacement.

### 3.8.3 Amélioration des habitudes de dépenses

Garder une trace de vos dépenses et respecter un budget vous aidera à identifier et à éliminer les habitudes de gaspillage. Au fil du temps, cela conduit à des dépenses plus conscientes et intentionnelles.

### 3.8.4 Réduction de la dette

En faisant du remboursement de vos dettes une priorité dans votre budget, vous pouvez rembourser systématiquement vos dettes et réduire le fardeau des intérêts. Cela améliore votre pointage de crédit et votre flexibilité financière.

### 3.8.5 Création de richesse

Un budget qui comprend des dépôts réguliers dans des programmes d'épargne et d'investissement vous aidera à créer de la richesse au fil du temps. Vous pouvez ainsi bénéficier de l'effet des intérêts composés et augmenter votre patrimoine.

### 3.8.6 **Stabilité familiale**

La budgétisation garantit que les besoins financiers de votre famille sont satisfaits et que les objectifs futurs sont planifiés. Cette stabilité crée un environnement sûr et favorable pour vos proches.

### 3.8.7 **Prévoyance vieillesse**

Épargner et investir continuellement dans les limites de votre budget garantit que vous êtes financièrement prêt pour la retraite. Cela signifie que vous pouvez profiter de votre retraite selon vos conditions et conserver le style de vie que vous souhaitez.

Créer et gérer un budget est un outil puissant pour atteindre la stabilité financière et le succès.

En comprenant vos revenus et dépenses, en fixant des objectifs financiers clairs et en choisissant la bonne méthode de budgétisation, vous pouvez prendre le contrôle de vos finances. En suivant systématiquement vos dépenses, en apportant les ajustements nécessaires et en restant discipliné, vous pouvez respecter votre budget et réaliser vos rêves financiers.

N'oubliez pas que l'établissement d'un budget ne consiste pas à vous limiter ; il s'agit de prendre des décisions conscientes qui correspondent à vos objectifs financiers. Avec les bonnes stratégies et les bons outils, vous pouvez maîtriser l'art de la budgétisation, économiser de l'argent et accroître votre patrimoine.

---

Dans ce chapitre, nous avons examiné les bases de la budgétisation, les différentes méthodes de budgétisation, les étapes pratiques pour créer un budget efficace et des conseils pour respecter le budget. Nous avons également discuté de la manière de résoudre les problèmes budgétaires courants et fourni des exemples concrets de budgétisation réussie. À mesure que vous avancez, utilisez ces connaissances pour créer un budget qui vous convient et qui soutient votre parcours financier.

Le chapitre suivant couvre les subtilités de la gestion de la dette. Des stratégies et des idées sont présentées pour vous aider à réduire et éliminer efficacement vos dettes. Il s'agit d'un aspect crucial de la planification financière, car une gestion judicieuse de la dette peut libérer davantage de fonds pour l'épargne et les investissements, améliorant ainsi davantage votre bien-être financier.

# Chapitre 4 : Dépenses fixes ou variables

Comprendre la différence entre les dépenses fixes et variables est crucial pour une planification budgétaire efficace. Ce chapitre fournit des conseils complets sur la façon d'identifier, de gérer et d'optimiser ces dépenses afin d'améliorer votre santé financière. Nous explorerons des stratégies pratiques, des exemples concrets et des informations pour vous aider à économiser de l'argent et à accroître votre patrimoine.

## 4.1 Introduction aux dépenses fixes et variables

Les dépenses sont généralement divisées en deux catégories : les dépenses fixes et variables. Connaître la différence entre les deux vous aidera à mieux prévoir votre flux de trésorerie mensuel, à prendre des décisions financières éclairées et à mettre en œuvre des stratégies budgétaires efficaces.

### 4.1.1 Que sont les coûts fixes ?

Les frais fixes sont des frais réguliers et prévisibles dont le montant ne varie pas sensiblement d'un mois à l'autre. Il s'agit généralement de dépenses essentielles que vous devez payer, telles que : B. Paiements de loyer ou d'hypothèque, primes d'assurance et remboursements de prêts.

### 4.1.2 Que sont les dépenses variables ?

Les dépenses variables varient d'un mois à l'autre en fonction de l'utilisation ou des décisions discrétionnaires. Cela peut inclure les courses, les divertissements, les repas au restaurant et les factures de services publics. Si certaines dépenses variables sont nécessaires, d'autres peuvent être ajustées ou éliminées pour économiser de l'argent.

### 4.1.3 Pourquoi la distinction entre dépenses fixes et variables est importante

Comprendre la différence aide à :
- Créer un budget plus précis.
- Identifiez les domaines dans lesquels vous pouvez réaliser des économies.
- Planifier les objectifs financiers futurs.
- Réduisez les dépenses inutiles pour augmenter les économies.

## 4.2 Détermination des frais fixes

Les coûts fixes sont généralement plus faciles à identifier et à suivre car ils sont cohérents. Voici quelques exemples courants et stratégies pour les gérer efficacement.

### 4.2.1 Frais de logement

**Exemple :** John et Mary, un couple de Chicago, ont des versements hypothécaires fixes de 1 500 $ par mois. Il s'agit de leur plus grosse dépense fixe et d'une part cruciale de leur budget.

**Stratégies:**
- **Refinancement :** Si vous avez un prêt hypothécaire, envisagez de le refinancer à un taux d'intérêt inférieur pour réduire vos mensualités.
- **Réduction des effectifs :** Déménager dans une maison plus petite ou dans une zone moins chère peut réduire considérablement vos coûts de logement.
- **Négocier le loyer :** Si vous louez, négociez avec votre propriétaire pour un meilleur prix ou envisagez un bail à long terme pour potentiellement économiser.

### 4.2.2 Primes d'assurance

L'assurance est un élément essentiel de la sécurité financière et comprend l'assurance maladie, automobile, habitation et vie.

**Exemple :** Emily, rédactrice indépendante à San Francisco, paie 400 $ par mois pour l'assurance maladie et 150 $ par mois pour l'assurance automobile. Ces frais fixes sont non négociables mais nécessaires à votre protection financière.

**Stratégies:**
- **Polices groupées :** La combinaison de plusieurs polices d'assurance auprès du même fournisseur peut souvent conduire à des réductions.
- **Comparaison des prix :** Comparez régulièrement les fournisseurs pour vous assurer d'obtenir le meilleur tarif.
- **Augmentez votre franchise :** En choisissant une franchise plus élevée, vous pouvez réduire votre prime mensuelle. Assurez-vous toutefois d'avoir suffisamment d'économies pour couvrir la franchise en cas de sinistre.

### 4.2.3 Remboursements de prêts

Les remboursements de prêts fixes comprennent les prêts étudiants, les prêts automobiles et les prêts personnels. Ces paiements restent constants jusqu'au remboursement du prêt.

**Exemple :** Carlos, ingénieur en mécanique à New York, paie 300 $ par mois pour ses prêts étudiants et 250 $ par mois pour son prêt automobile. Ces frais fixes font partie de son budget mensuel.

**Stratégies:**
- **Refinancement :** Envisagez de refinancer vos prêts à un taux d'intérêt inférieur pour réduire les mensualités.
- **Paiements supplémentaires :** Si possible, effectuez des paiements supplémentaires pour rembourser le prêt plus rapidement et réduire les frais d'intérêt.
- **Programmes d'allègement de la dette :** Pour les prêts étudiants, consultez les programmes d'allégement de la dette en fonction de votre emploi ou de votre employeur.

4.2.4 **Services d'abonnement**

Les coûts fixes peuvent également inclure des abonnements à des services tels que le streaming, les abonnements à une salle de sport ou à des magazines.

**Exemple :** Lisa, responsable marketing à Miami, dépense 50 $ par mois pour divers abonnements, notamment Netflix, Spotify et une application de fitness.

**Stratégies:**
- **Vérifiez les abonnements :** Examinez et annulez régulièrement tous les abonnements que vous n'utilisez plus.
- **Paiement annuel :** Certains services offrent des réductions si vous payez annuellement au lieu de mensuellement.
- **Comptes partagés :** Partagez les frais d'abonnement avec votre famille ou vos amis lorsque cela est autorisé.

4.2.5 **Utilitaires**

Quelques frais supplémentaires, tels que :
Certains coûts, comme Internet et le câble, peuvent être considérés comme des coûts fixes à condition qu'ils restent les mêmes chaque mois.

**Exemple :** John et Mary paient 100 $ par mois pour Internet et 80 $ par mois pour le câble. Il s'agit de coûts relativement fixes et indispensables à leur vie quotidienne.

**Stratégies:**
- **Services groupés :** De nombreux fournisseurs offrent des réductions pour le regroupement de services Internet, par câble et téléphoniques.
- **Négocier les tarifs :** Contactez régulièrement votre fournisseur de services pour négocier des tarifs plus bas ou trouver de meilleures offres.

## 4.3 Détermination des dépenses variables

Les dépenses variables peuvent être plus difficiles à suivre car elles fluctuent en fonction de l'utilisation et des choix personnels. L'identification de ces dépenses est essentielle à une budgétisation flexible et réactive.

### 4.3.1 **Produits alimentaires et articles ménagers**

Le coût de l'épicerie peut varier considérablement selon les besoins alimentaires, la taille de la famille et les habitudes d'achat.

**Exemple :** Emily dépense en moyenne entre 300 $ et 500 $ par mois en épicerie, selon qu'elle reçoit ou achète en gros.

**Stratégies:**
- **Planification des repas :** Planifiez vos repas à l'avance pour réduire les achats impulsifs et le gaspillage alimentaire.
- **Achat en gros :** Achetez des aliments non périssables en gros pour économiser de l'argent à long terme.

- **Utilisez des coupons et des réductions :** Profitez de coupons, de programmes de fidélité et d'offres spéciales.

### 4.3.2 **Restauration et divertissement**

Les dépenses liées aux repas au restaurant et aux divertissements peuvent varier considérablement en fonction de votre style de vie et de vos activités sociales.

**Exemple :** Carlos aime manger au restaurant et aller à des concerts. Ses dépenses mensuelles pour ces activités varient de 100 $ à 300 $.

**Stratégies:**
- **Définir des limites :** Fixez une limite mensuelle pour les dépenses de restauration et de divertissement.
- **Choisissez des activités gratuites ou à faible coût :** Explorez des options de divertissement gratuites ou à faible coût telles que des

événements communautaires, des parcs et des bibliothèques publiques.
- **Cuisiner à la maison :** Cuisiner à la maison est souvent moins cher et plus sain que manger au restaurant.

### 4.3.3 Transport

Les coûts de transport comprennent l'essence, les tarifs des transports en commun, l'entretien et les frais de stationnement. Ceux-ci peuvent varier en fonction de l'utilisation et du type de véhicule.

**Exemple :** Lisa dépense environ 200 $ par mois en essence et en entretien de sa voiture. Toutefois, ce montant peut augmenter si elle voyage ou a des problèmes de véhicule.

**Stratégies:**
- **Covoiturage** : partagez des trajets avec des collègues ou des amis pour réduire les coûts de carburant.

- **Transports publics** Utilisez les transports en commun autant que possible pour économiser sur les frais d'essence et de stationnement.
- **Entretien régulier :** Gardez votre véhicule bien entretenu pour éviter des réparations coûteuses.

### 4.3.4 Facturation des services publics

Contrairement aux services publics fixes, certains services publics tels que l'électricité et l'eau peuvent varier en fonction de l'utilisation.

**Exemple :** John et Mary remarquent que leur facture d'électricité augmente pendant les mois d'été lorsqu'ils utilisent plus fréquemment la climatisation. Votre facture mensuelle sera comprise entre 100 $ et 200 $.

**Stratégies:**
- **Efficacité énergétique :** Mettez en œuvre des mesures d'économie d'énergie telles que des ampoules LED, des thermostats programmables et des appareils efficaces.

- **Surveillez la consommation :** Vérifiez régulièrement votre consommation de services publics et ajustez vos habitudes pour réduire la consommation.
- **Protection de l'eau :** Réparez les fuites, installez des appareils à faible débit et utilisez des mesures d'économie d'eau pour réduire votre facture d'eau.

4.3.5 **Vêtements et hygiène personnelle**

Les dépenses liées aux vêtements, aux soins personnels et aux articles d'hygiène peuvent varier en fonction des préférences individuelles et des besoins saisonniers.

**Exemple :** Les dépenses liées aux vêtements et aux soins personnels d'Emily varient de 50 $ à 150 $ par mois, selon les ventes saisonnières et sa routine de soins personnels.

**Stratégies:**
- **Achetez en liquidation :** Profitez des soldes saisonnières et des réductions.

- **La qualité plutôt que la quantité :** Investissez dans des articles durables de haute qualité qui durent plus longtemps.
- **Soins personnels à faire soi-même** Pensez à effectuer certaines routines de soins personnels, comme une coupe de cheveux ou une manucure, à la maison.

### 4.3.6 **Autres dépenses**

Les dépenses diverses comprennent les coûts ponctuels ou irréguliers qui ne rentrent pas parfaitement dans d'autres catégories, comme les cadeaux, les dons ou les réparations domiciliaires.

**Exemple :** Carlos réserve un petit budget de 50 $ à 100 $ chaque mois pour diverses dépenses afin de couvrir des achats inattendus ou des dons de bienfaisance.

**Stratégies:**

- **Mettez de côté un tampon :** incluez un tampon dans votre budget pour les dépenses imprévues.
- **Suivre les dépenses irrégulières :** Gardez une trace des dépenses irrégulières pour mieux prévoir les besoins futurs.
- **Planifiez à l'avance :** Planifiez les événements ou les saisons à venir qui peuvent nécessiter des dépenses supplémentaires, comme les vacances ou les achats de rentrée scolaire.

## 4.4 Stratégies pour équilibrer les dépenses fixes et variables

Équilibrer les dépenses fixes et variables est la clé d'un budget flexible et efficace. Voici quelques stratégies pour vous aider à gérer efficacement les deux types de dépenses.

4.4.1 **Créer un budget équilibré**

Créez un budget qui alloue des fonds pour les dépenses fixes et variables. Cela garantit que tous les coûts essentiels sont couverts tout en permettant une flexibilité pour les dépenses discrétionnaires.

**Exemple :** Lisa et Mark utilisent la règle budgétaire 50/30/20 pour gérer leurs finances :
- 50% pour les frais fixes (besoins).
- 30% pour les dépenses variables (souhaits).
- 20% pour l'épargne et le remboursement des dettes.

4.4.2 **Priorisation des dépenses**

Donnez la priorité à vos dépenses en vous concentrant d'abord sur les coûts fixes essentiels, puis allouez les fonds restants aux dépenses variables et aux économies.

**Exemple :** Emily donne la priorité à ses paiements de loyer, d'assurance et de prêt avant de budgétiser l'épicerie, les divertissements et l'épargne. Cela garantit que leurs besoins fondamentaux sont satisfaits avant de payer des dépenses non essentielles.

### 4.4.3 Réduction des coûts fixes

Bien que les coûts fixes ne soient généralement pas négociables, il existe des moyens de les réduire au fil du temps grâce au refinancement, à la réduction des effectifs ou à la négociation des prix.

**Exemple :** John et Mary ont refinancé leur prêt hypothécaire à un taux d'intérêt inférieur, réduisant ainsi leur paiement mensuel de 200 $. Ils ont investi leurs économies dans leur fonds d'urgence.

### 4.4.4 Contrôle des dépenses variables

Les dépenses variables offrent plus de flexibilité et des opportunités d'économies. En identifiant les domaines dans lesquels vous pouvez réduire ou ajuster vos habitudes de dépenses, vous pouvez avoir un impact significatif sur votre santé financière globale.

**Exemple :** Carlos s'est rendu compte qu'il dépensait trop en nourriture et en divertissement. Il a fixé une limite à ces dépenses et a recherché des alternatives gratuites ou peu coûteuses pour les activités sociales. De cette façon, il a réussi à économiser 100 $ supplémentaires chaque mois, qu'il a utilisés pour rembourser ses prêts étudiants.

**Stratégies:**
- **Suivre les dépenses :** Utilisez des applications de budgétisation ou des feuilles de calcul pour surveiller de près vos dépenses variables.
- **Définir des limites :** Fixez des limites de dépenses pour les catégories non essentielles comme les restaurants, les divertissements et le shopping.
- **Planifier vos achats :** Faites une liste de courses avant de faire vos courses et respectez-la pour éviter les achats impulsifs.
- **Trouver des alternatives :** Recherchez des alternatives moins chères ou des activités gratuites offrant une satisfaction similaire.

### 4.4.5 Utilisation de l'épargne et des fonds tampons

Mettre de côté une partie de votre budget pour l'épargne et un fonds d'urgence peut vous aider à créer un coussin financier. Cela vous aidera à gérer les dépenses imprévues et à éviter le stress financier.

**Exemple :** Lisa et Mark placent 10 % de leurs revenus dans un fonds d'urgence et 10 % supplémentaires dans leurs comptes d'épargne et d'investissement. Vous êtes ainsi paré aux coûts imprévus et vous développez continuellement votre patrimoine.

**Stratégies:**
- **Transferts automatiques :** Configurez des transferts automatiques vers vos comptes d'épargne et vos fonds d'urgence.
- **Objectifs du fonds d'urgence :** L'objectif est de constituer un fonds d'urgence qui couvre 3 à 6 mois de frais de subsistance.

- **Révision périodique :** Révisez régulièrement vos objectifs d'épargne et ajustez les cotisations si nécessaire.

## 4.5 Exemples concrets de gestion des dépenses fixes et variables

Comprendre comment les autres gèrent leurs dépenses fixes et variables peut fournir des informations et une inspiration précieuses. Voici quelques exemples concrets :

4.5.1 **Le chemin de Sarah vers l'indépendance financière**

**Contexte :** Sarah, une développeur de logiciels de 35 ans originaire de Seattle, souhaite être financièrement indépendante à l'âge de 50 ans. Elle gère soigneusement ses dépenses fixes et variables afin de maximiser son épargne et ses investissements.

1. **Dépenses fixes :**
   - Loyer : 1 800 $

- Assurance : 200 $
- Prêt étudiant : 300$
- Frais supplémentaires : 150 $ (part fixe)
- Abonnements : 50$

2. **Dépenses variables :**
- Épicerie : 300$
- Dîner au restaurant : 100 $
- Transport : 100 $
- Animation : 50$
- Utilitaires : 50 $ (portion variable)

3. **Stratégies :**
- **Logement :** Pour économiser sur les frais de déplacement, Sarah a choisi de louer un modeste appartement à proximité de son lieu de travail.
- **Assurance :** Elle a regroupé ses locataires et son assurance automobile pour bénéficier d'une réduction.
- **Remboursement du prêt** Sarah a refinancé son prêt étudiant à un taux d'intérêt inférieur, réduisant ainsi son paiement mensuel.

- **Faire les courses et manger au restaurant :** Elle planifie ses repas et cuisine à la maison, limitant ses repas au restaurant une fois par semaine.
- **Transport :** Sarah utilise les transports en commun et occasionnellement le vélo pour se rendre au travail afin de minimiser les coûts de carburant.

4. **Résultats :**
- Sarah épargne 1 500 $ chaque mois, qu'elle investit dans un portefeuille diversifié.
- Elle a constitué un fonds d'urgence pour couvrir toutes les dépenses pendant six mois et élargit continuellement son portefeuille d'investissement pour progresser vers son objectif d'indépendance financière.

### 4.5.2 Le budget familial de James et Maria

**Contexte :** James et Maria, un couple d'une quarantaine d'années vivant à Austin, au Texas, se concentrent sur la gestion des dépenses de leur famille tout en épargnant pour l'éducation et la retraite de leurs enfants.

1. **Dépenses fixes :**
- Hypothèque : 2 000 $
- Assurance : 300$
- Prêts automobiles : 400 $
- Garde d'enfants : 500 $
- Abonnements : 100$

2. **Dépenses variables :**
- Épicerie : 600 $
- Dîner au restaurant : 200 $
- Transport : 200$
- Divertissement : 100 $
- Utilitaires : 200 $ (fixes et variables combinés)

3. **Stratégies :**
- **Hypothèque :** James et Maria ont refinancé leur hypothèque à un taux d'intérêt inférieur, économisant ainsi 200 $ par mois.
- **Assurance :** Ils ont revu leurs polices d'assurance et augmenté les franchises pour réduire les primes.

- **Garde d'enfants :** Ils ont trouvé un prestataire de garde d'enfants fiable mais abordable et des horaires coordonnés pour réduire les coûts.
- **Épicerie et repas au restaurant :** Le couple planifie ses repas et achète en gros pour réduire sa facture d'épicerie. Cela limite également les sorties au restaurant aux occasions spéciales.
- **Transport :** James et Maria font du covoiturage pour travailler et entretenir leurs véhicules afin d'éviter des réparations coûteuses.
- **Utilitaires :** Ils ont mis en œuvre des mesures d'économie d'énergie telles que des thermostats programmables et des appareils économes en énergie.

4. **Résultats :**
- En gérant soigneusement leurs dépenses fixes et variables, James et Maria économisent 800 $ chaque mois.
- Ils contribuent 500 $ aux fonds universitaires de leurs enfants et 300 $ à leurs comptes de retraite.

- Sa gestion budgétaire disciplinée a assuré la sécurité financière et jeté des bases solides pour l'avenir de sa famille.

## 4.6 Outils et ressources pour gérer les dépenses

L'utilisation des bons outils et ressources peut faciliter la gestion des dépenses fixes et variables. Voici quelques recommandations :

4.6.1 **Applications de budgétisation**

- **Mint :** suit toutes vos dépenses, les catégorise et vous aide à créer et à respecter un budget.
- **YNAB (You Need A Budget) :** Encourage la budgétisation proactive et l'établissement d'objectifs.
- **EveryDollar :** Basé sur la méthode de budgétisation à base zéro, ce qui facilite le suivi des dépenses et la planification des économies.

4.6.2 **Logiciel de planification financière**

- **Quicken :** Offre des outils de planification financière complets pour suivre les dépenses, les investissements et les économies.
- **Capital personnel :** Fournit une vue globale de votre situation financière, y compris le suivi des dépenses et l'analyse des investissements.

### 4.6.3 Ressources en ligne

- **Blogs financiers :** Des blogs comme « The Simple Dollar », « Mr. Money Moustache et Budget Bytes offrent des conseils pratiques et des informations sur la gestion des dépenses.
- **Podcasts :** Écoutez des podcasts sur les finances personnelles comme The Dave Ramsey Show, ChooseFI et Afford Anything pour obtenir des conseils et de la motivation.

### 4.6.4 Conseillers financiers

Consulter un conseiller financier peut vous donner des conseils personnalisés sur la gestion des dépenses, des dettes et des investissements. Les conseillers peuvent vous aider à créer un budget et un plan financier personnalisés.

### 4.6.5 Soutien communautaire

Rejoindre des groupes de littératie financière ou des communautés en ligne peut apporter du soutien, de la responsabilité et des expériences partagées. Partager avec d'autres personnes qui ont vécu des expériences financières similaires peut fournir des informations et des encouragements précieux.

## 4.7 Surmonter les défis liés à la gestion des dépenses fixes et variables

La gestion des dépenses peut présenter un certain nombre de défis. Voici quelques obstacles courants et stratégies pour les surmonter :

### 4.7.1 Charges variables imprévisibles

**Défi :** Des dépenses variables inattendues comme les factures médicales ou les réparations automobiles peuvent faire des ravages sur votre budget.

**Stratégies:**
- **Fonds d'urgence :** Disposez d'un fonds d'urgence pour couvrir les coûts imprévus.
- **Tampon budgétaire :** Prévoyez un tampon pour les autres dépenses de votre budget.
- **Assurance :** Assurez-vous d'avoir une couverture d'assurance adéquate pour atténuer les charges financières imprévues.

### 4.7.2 Inflation du style de vie

**Défi :** À mesure que les revenus augmentent, les gens ont tendance à dépenser plus d'argent pour des articles non essentiels, ce qui entraîne une inflation du style de vie.

**Stratégies:**
- **Dépenses conscientes :** Concentrez-vous sur vos besoins plutôt que sur vos désirs et

donnez la priorité aux objectifs financiers à long terme.
- **Épargne automatique :** transférez automatiquement une partie de chaque augmentation de revenu sur votre compte d'épargne ou votre investissement.
- **Esprit frugal :** Quel que soit votre niveau de revenu, menez une vie frugale pour maximiser votre épargne et votre croissance financière.

### 4.7.3 **Équilibrer les objectifs à court terme et à long terme**

**Défi :** Il peut être difficile d'équilibrer les besoins financiers immédiats avec les objectifs d'épargne et d'investissement à long terme.

**Stratégies:**
- **Établissement d'objectifs :** Définissez clairement les objectifs financiers à court et à long terme et créez un plan pour les atteindre.

- **Donner la priorité à l'épargne :** Traitez l'épargne et les investissements comme des dépenses fixes dans votre budget.
- **Examen périodique :** Examinez régulièrement votre budget et vos objectifs pour vous assurer qu'ils correspondent à votre situation financière actuelle.

### 4.7.4 Gérer les dettes

**Défi :** Un endettement élevé peut engloutir une partie importante de votre budget et rendre l'épargne difficile.

**Stratégies:**
- **Plan de remboursement de la dette :** Créez un plan de remboursement de la dette structuré, en vous concentrant d'abord sur les dettes à taux d'intérêt élevé.
- **Consolidation :** Envisagez la consolidation de dettes pour réduire les taux d'intérêt et simplifier les paiements.

- **Réduire les dépenses :** Réduisez les dépenses variables pour libérer des fonds pour le remboursement de la dette.

## 4.8 Avantages à long terme d'une gestion efficace des dépenses

Une gestion efficace des dépenses fixes et variables peut conduire à des avantages financiers importants à long terme, notamment :

4.8.1 **Stabilité financière**

En gérant systématiquement vos dépenses, vous pouvez atteindre la stabilité financière et la tranquillité d'esprit. Cela implique de vivre selon vos moyens et de vous préparer à des coûts imprévus.

4.8.2 **Des économies plus importantes**

En réduisant les dépenses inutiles, vous pouvez libérer plus d'argent pour l'épargne et les investissements. Au fil du temps, cela peut conduire à une accumulation significative de richesse et à une sécurité financière.

### 4.8.3 Réduction de la dette

En gérant efficacement vos dépenses, vous pouvez donner la priorité au remboursement de vos dettes, réduire le montant total des intérêts payés et libérer des fonds pour d'autres objectifs financiers.

### 4.8.4 Création de richesse

En pesant les dépenses fixes et variables, vous pouvez systématiquement investir et augmenter votre patrimoine. Cela vous aidera à atteindre vos objectifs financiers à long terme, comme l'accession à la propriété, le financement des études et la retraite.

### 4.8.5 Qualité de vie améliorée

La discipline financière et une gestion prudente des dépenses peuvent conduire à une meilleure qualité de vie. Avec un budget bien géré, vous bénéficiez d'une liberté financière et de la capacité de prendre des décisions qui correspondent à vos valeurs et à vos objectifs.

### 4.8.6 Prévoyance vieillesse

En gérant efficacement vos dépenses, vous pouvez vous assurer d'économiser suffisamment pour la retraite. Cela vous offre la sécurité financière dont vous avez besoin pour prendre une retraite confortable et profiter de votre retraite.

## 4.9 Études de cas de gestion des dépenses fixes et variables

Pour illustrer davantage l'importance et l'impact de la gestion des dépenses fixes et variables, examinons quelques études de cas détaillées. Ces exemples concrets montrent comment les individus et les familles ont réussi à équilibrer leurs dépenses pour atteindre leurs objectifs financiers.

### 4.9.1 Étude de cas : Le chemin de Parkers vers la liberté financière

**Contexte :** Les Parker, une famille de quatre personnes d'Atlanta, avaient beaucoup de dettes dues aux cartes de crédit et aux prêts étudiants. Avec un revenu mensuel combiné de 6 000 $, ils avaient du mal à équilibrer leurs dépenses fixes et variables tout en épargnant pour l'avenir et la retraite de leurs enfants.

**Coûts fixes:**
- Hypothèque : 1 800 $
- Paiements de voiture : 500 $
- Assurances (santé, auto, habitation) : 700 $
- Frais supplémentaires : 200$ (part fixe)
- Abonnements : 100 $

**Charges variables:**
- Épicerie : 600 $
- Dîner au restaurant : 150 $
- Transport : 150 $
- Divertissement : 100 $

- Frais supplémentaires : 100 $ (portion variable)
- Autre : 200$

**Stratégies mises en œuvre :**
1. **Plan de réduction de la dette :** Les Parker se sont initialement concentrés sur le remboursement des dettes de carte de crédit à intérêt élevé en utilisant la méthode boule de neige. Ils ont mis de côté 300 $ supplémentaires par mois pour rembourser la dette.
2. **Refinancement hypothécaire :** Vous avez refinancé votre prêt hypothécaire à un taux d'intérêt inférieur, ce qui vous a permis d'économiser 200 $ par mois.
3. **Réduction des dépenses variables :** La famille a limité les repas au restaurant à une fois par mois et a opté pour des options de divertissement économiques, économisant ainsi 150 $ supplémentaires par mois.
4. **Efficacité énergétique :** Ils ont installé des appareils économes en énergie et ont modifié leurs habitudes pour réduire leurs factures de services publics de 50 $ par mois.

5. **Épargne accrue :** Les Parker ont mis en place des transferts automatiques sur leur compte d'épargne, garantissant ainsi qu'ils économisent de manière fiable 500 $ chaque mois.

**Résultats:**
- En deux ans, ils ont remboursé 15 000 $ de dettes de carte de crédit.
- Vous avez créé un fonds d'urgence qui couvre toutes les dépenses pendant six mois.
- Ils ont augmenté leurs cotisations de retraite et ouvert un compte épargne formation pour leurs enfants.

### 4.9.2 Étude de cas : la réussite d'Olivia en tant que salariée unique

**Contexte :** Olivia, une mère célibataire de Denver, travaille comme infirmière et a un revenu mensuel de 4 500 $. Ses principaux objectifs étaient de rembourser ses prêts étudiants et d'économiser pour un acompte sur une maison tout en faisant face aux dépenses de son ménage.

**Coûts fixes:**
- Loyer : 1 200 $
- Garde d'enfants : 500$
- Assurances (assurance santé et auto) : 400$
- Prêt étudiant : 300$
- Frais supplémentaires : 150 $ (part fixe)
- Abonnements : 50$

**Charges variables:**
- Épicerie : 400$
- Transport : 100 $
- Dîner au restaurant : 50 $
- Animation : 50$
- Utilitaires : 50 $ (portion variable)
- Autre : 100$

**Stratégies mises en œuvre :**
1. **Subvention pour la garde d'enfants :** Olivia a demandé des subventions publiques pour la garde d'enfants, ce qui a réduit ses dépenses personnelles de 200 $ par mois.

2. **Planification des repas :** Elle a soigneusement planifié ses repas et fait ses achats en solde, ce qui l'a aidée à réduire sa facture d'épicerie de 100 $ par mois.
3. **Transports en commun** Olivia a utilisé les transports en commun pour ses déplacements, économisant ainsi 50 $ sur les frais d'essence et de stationnement.
4. **Consolidation de dettes de prêt :** Elle a refinancé ses prêts étudiants à un taux d'intérêt inférieur, réduisant ainsi son paiement mensuel de 50 $.
5. **Side Hustle :** Olivia a démarré une entreprise parallèle le week-end vendant des articles artisanaux faits à la main, gagnant 200 $ de plus par mois.

**Résultats:**
- Olivia a remboursé ses prêts étudiants en trois ans.
- Elle a économisé 10 000 $ pour un acompte sur une maison.

- Sa budgétisation disciplinée lui a permis de gérer des dépenses imprévues sans contraintes financières.

### 4.9.3 Étude de cas : les économies stratégiques de Sam et Alex

**Contexte :** Sam et Alex, un couple à deux revenus vivant à Portland, voulaient épargner pour leurs vacances de rêve et leur retraite anticipée. Ils gagnaient au total 8 000 $ par mois et se concentraient sur l'équilibre entre leurs dépenses fixes et variables afin de maximiser leurs économies.

**Coûts fixes:**
- Hypothèque : 2 200 $
- Prêts automobiles : 600 $
- Assurances (assurance santé, auto, habitation) : 500$
- Frais supplémentaires : 250 $ (part fixe)
- Abonnements : 150$

**Charges variables:**

- Épicerie : 700$
- Dîner au restaurant : 200 $
- Transport : 200$
- Animation : 200$
- Frais supplémentaires : 100 $ (portion variable)
- Autre : 200$

**Stratégies mises en œuvre :**
1. **Remboursement anticipé du prêt hypothécaire :** Vous avez effectué des versements supplémentaires sur la dette hypothécaire dans le but de la rembourser en 15 ans au lieu de 30 ans.
2. **Réduire les abonnements :** Le couple a examiné et annulé les abonnements inutilisés, économisant ainsi 50 $ par mois.
3. **Économies d'épicerie :** Ils ont rejoint une coopérative alimentaire locale, réduisant ainsi leur facture d'épicerie de 100 $ par mois.
4. **Fonds de voyage :** Sam et Alex ont créé un compte d'épargne spécial voyage sur lequel ils déposent 500 $ par mois.
5. **Portefeuille d'investissement :** Vous avez augmenté vos cotisations au compte de retraite

et créé un portefeuille d'investissement diversifié.

**Résultats:**
- Le couple a économisé 6 000 $ en un an pour leurs vacances de rêve.
- Vous avez remboursé votre hypothèque dix ans plus tôt et économisé des milliers de dollars en intérêts.
- Leurs investissements ont augmenté régulièrement, leur permettant de prendre une retraite anticipée à 55 ans.

## 4.10 Conclusion : Maîtriser les dépenses fixes et variables

Maintenir un équilibre entre les dépenses fixes et variables est un aspect crucial d'une planification budgétaire efficace. En comprenant la nature de ces dépenses, en mettant en œuvre des stratégies pratiques et en apprenant d'exemples concrets, vous pouvez prendre le contrôle de vos finances et travailler à atteindre vos objectifs financiers.

**Les thèses centrales :**
- **Identifier et différencier :** Différenciez clairement vos dépenses fixes et variables pour créer un budget plus précis.
- **Prioriser et réduire :** Concentrez-vous d'abord sur les dépenses essentielles, puis identifiez les domaines dans lesquels vous pouvez réduire ou optimiser les dépenses.
- **Planifier et surveiller :** Examinez régulièrement votre budget et ajustez-le si nécessaire pour vous assurer de ne pas perdre de vue vos objectifs financiers.
- **Utilisez des outils et des ressources :** Tirez parti des applications de budgétisation, des logiciels de planification financière et du soutien de la communauté pour simplifier la gestion des dépenses.
- **Restez discipliné :** Des habitudes financières cohérentes et disciplinées sont essentielles à la gestion des dépenses et à la création d'un patrimoine à long terme.

En gérant efficacement vos dépenses fixes et variables, vous pouvez assurer la stabilité financière, augmenter votre épargne, réduire vos dettes et, finalement, atteindre une meilleure qualité de vie. N'oubliez pas que le chemin vers la réussite financière est un chemin continu, mais avec les bonnes stratégies et le bon état d'esprit, vous pouvez le parcourir en toute confiance et avec succès.

# Chapitre 5 : Réduire les coûts sans sacrifier la qualité de vie

Réduire les dépenses ne signifie pas nécessairement renoncer à la privation. Dans ce chapitre, nous explorerons les stratégies que vous pouvez utiliser pour réduire les coûts tout en maintenant, voire en améliorant votre qualité de vie. Que vous souhaitiez épargner davantage, rembourser vos dettes ou investir pour l'avenir, ces conseils vous aideront à tirer le meilleur parti de votre argent sans vous sentir démuni.

## 5.1 Comprendre la valeur et la qualité

Avant de vous plonger dans des stratégies spécifiques, vous devez comprendre les concepts de valeur et de qualité. Dépenser moins ne signifie pas seulement choisir l'option la moins chère ; il s'agit d'en avoir pour votre argent. Cela signifie que vous devez prendre en compte des facteurs tels que la durabilité, la fonctionnalité et la satisfaction globale.

### 5.1.1 La relation coût-qualité

Beaucoup de gens pensent qu'un coût plus élevé équivaut à une meilleure qualité, mais ce n'est pas toujours le cas. Les consommateurs intelligents recherchent des produits et services offrant le meilleur rapport qualité/prix.

**Exemple :** Emma, une enseignante à Boston, avait besoin d'un nouvel ordinateur portable pour son travail. Au lieu de choisir la marque la plus chère, elle a fait ses recherches et a trouvé un modèle de milieu de gamme qui a reçu d'excellentes critiques en termes de durabilité et de performances. Ce choix lui a permis d'économiser 500 $ sans sacrifier la qualité dont elle avait besoin.

### 5.1.2 Coût total de possession

Considérez le coût total de possession (TCO), qui comprend non seulement le prix d'achat, mais également les coûts de maintenance, de réparation et d'exploitation. Parfois, un article plus cher avec un coût à long terme inférieur peut être une meilleure affaire.

**Exemple :** John et Maria, un couple de Denver, avaient le choix entre deux voitures. La voiture la moins chère avait une moins bonne économie de carburant et des coûts d'entretien plus élevés. Ils ont choisi une voiture hybride plus chère, offrant une meilleure économie de carburant et des coûts d'entretien inférieurs, économisant ainsi de l'argent à long terme.

## 5.2 Conseils pratiques pour réduire les dépenses du ménage

Les dépenses des ménages représentent une part importante du budget. Explorons des moyens pratiques de réduire ces coûts tout en conservant un cadre de vie confortable et agréable.

5.2.1 **Efficacité énergétique**

Réduire la consommation d'énergie réduit non seulement les factures d'électricité, mais profite également à l'environnement. De petits changements peuvent conduire à des économies importantes.

**Exemple :** Sarah, qui vit à Portland, dans l'Oregon, a installé des lumières LED économes en énergie dans toute sa maison. Elle a également utilisé des thermostats programmables pour mieux contrôler le chauffage et la climatisation. Ces changements ont réduit ses coûts énergétiques de 20 % et lui ont permis d'économiser 300 $ par an.

**Stratégies:**
- **Éclairage LED :** Remplacez les ampoules à incandescence par des LED économes en énergie.
- **Thermostats programmables :** Utilisez des thermostats programmables ou intelligents pour contrôler plus efficacement le chauffage et la climatisation.

- **Isolation :** Améliorez l'isolation de votre maison pour réduire les coûts de chauffage et de climatisation.
- **Appareils économes en énergie :** Investissez dans des appareils économes en énergie qui consomment moins d'électricité et d'eau.

### 5.2.2 Protection de l'eau

Les factures d'eau peuvent s'accumuler rapidement, mais il existe plusieurs façons de réduire la consommation d'eau sans compromettre la qualité de vie.

**Exemple :** À Tucson, en Arizona, Mike a installé des pommes de douche et des robinets économes en eau et a réparé des toilettes qui fuyaient. Ces changements ont réduit sa consommation d'eau domestique de 25 % et lui ont permis d'économiser 150 $ par an.

**Stratégies:**

- **Robinets à faible débit :** Installez des pommes de douche, des robinets et des toilettes à faible débit.
- **Réparer les fuites :** Vérifiez régulièrement l'absence de fuites dans votre plomberie et réparez-les.
- **Arrosage efficace :** Arrosez les pelouses et les jardins tôt le matin ou tard le soir pour réduire l'évaporation.

### 5.2.3 Réduire les factures d'épicerie

La nourriture représente un coût variable important. En achetant intelligemment et en réduisant les déchets, vous pouvez économiser considérablement sans compromettre la qualité de vos repas.

**Exemple :** Jessica, une mère célibataire de Chicago, a commencé à planifier ses repas et à acheter en gros. Elle a également profité de bons de réduction et d'offres spéciales. Grâce à ces stratégies, elle a pu réduire sa facture d'épicerie de 30 %, économisant 200 $ chaque mois.

**Stratégies:**
- **Planification des repas :** Planifiez les repas de la semaine pour éviter les achats impulsifs et réduire le gaspillage.
- **Achat en gros :** Achetez des aliments non périssables en gros pour économiser de l'argent.
- **Profitez de coupons et d'offres spéciales :** Profitez de coupons, de programmes de fidélité et d'offres spéciales.
- **Réduisez le gaspillage alimentaire :** Utilisez les restes de manière créative et compostez les restes pour minimiser les déchets.

## 5.3 Économies de transport

Pour de nombreux ménages, les frais de transport constituent une autre dépense importante. Voici quelques stratégies pour réduire les coûts sans sacrifier la commodité.

5.3.1 **Entretien et efficacité des véhicules**

Un entretien régulier et des habitudes de conduite efficaces peuvent prolonger la durée de vie de votre véhicule et économiser sur les coûts de carburant.

**Exemple :** Alex, qui fait la navette à Los Angeles, a commencé à faire du covoiturage avec des collègues et à faire entretenir régulièrement sa voiture. Il a également développé des habitudes de conduite économes en carburant. Ces changements lui ont permis d'économiser 150 $ par mois en frais de carburant et d'entretien.

**Stratégies:**
- **Entretien régulier :** Effectuez un entretien régulier pour éviter des réparations coûteuses.
- **Conduite efficace :** Adoptez des habitudes de conduite économes en carburant telles que : B. accélération douce et éviter un ralenti excessif.
- **Covoiturage** : partagez des trajets avec des collègues ou des amis pour réduire les coûts de carburant.

- **Transports publics** Utilisez les transports en commun autant que possible pour économiser sur les frais de carburant et de stationnement.

### 5.3.2 **Moyens de transport alternatifs**

Envisagez des modes de transport alternatifs qui pourraient être moins chers et plus sains.

**Exemple :** À Seattle, Rachel se rendait au travail à vélo quelques jours par semaine. Cela lui a non seulement permis d'économiser de l'argent sur les frais d'essence et de stationnement, mais a également amélioré sa condition physique.

**Stratégies:**
- **Cyclisme :** Utilisez un vélo pour parcourir de courtes distances afin d'économiser sur les frais d'essence et de stationnement.
- **Marcher :** Marchez lorsque vous faites des courses ou sur de courtes distances pour économiser de l'argent et rester actif.

- **Transports publics** Utilisez les bus, les trains ou d'autres transports publics pour réduire l'utilisation de la voiture.

## 5.4 Économies en matière de santé et de bien-être

Les coûts des soins de santé peuvent être importants, mais il existe des moyens de rester en bonne santé tout en économisant de l'argent.

5.4.1 **Soins préventifs**

Investir dans les soins préventifs peut réduire les coûts des soins de santé à long terme en évitant des problèmes plus graves.

**Exemple :** Tom, qui vit à Austin, au Texas, a commencé à planifier des examens réguliers, à adopter une alimentation saine et à faire de l'exercice. Cette approche proactive a réduit ses frais médicaux en identifiant tôt les problèmes potentiels.

**Stratégies:**
- **Examens réguliers :** Planifiez des examens médicaux et dentaires réguliers pour détecter rapidement les problèmes.
- **Mode de vie sain :** Maintenez une alimentation équilibrée, faites de l'exercice régulièrement et évitez de fumer et de consommer trop d'alcool.
- **Vaccinations :** Restez à jour sur les vaccinations recommandées pour prévenir les maladies.

### 5.4.2 Achats intelligents dans le secteur de la santé

Rechercher des services médicaux et prêter attention au coût des médicaments sur ordonnance peut vous faire économiser beaucoup d'argent.

**Exemple :** Karen de Miami a commencé à utiliser un programme de réduction sur les médicaments sur ordonnance et à comparer les prix de différentes pharmacies. Elle a également opté pour des génériques lorsque cela était possible. Ces mesures ont réduit leurs coûts annuels de prescription de 500 $.

**Stratégies:**
- **Comparez les prix :** Comparez les prix des services de santé et des médicaments.
- **Réductions sur les médicaments sur ordonnance :** Profitez des programmes de réduction ou des coupons sur les médicaments sur ordonnance.
- **Génériques :** Optez pour des génériques lorsqu'ils sont disponibles et appropriés.

5.4.3 **Fitness avec un budget limité**

Vous n'avez pas besoin d'un abonnement coûteux à une salle de sport pour rester en forme. Il existe de nombreuses façons abordables de rester actif.

**Exemple :** À Denver, Emma a annulé son coûteux abonnement à une salle de sport et a commencé à utiliser des vidéos d'entraînement gratuites sur Internet. Elle a également rejoint un groupe de course local. Ces changements lui ont permis d'économiser 600 $ par an tout en la gardant en forme.

**Stratégies:**
- **Entraînements en ligne :** Profitez de ressources de fitness en ligne gratuites ou à faible coût.
- **Programmes communautaires :** Participez à des programmes ou clubs de conditionnement physique communautaires.
- **Activités de plein air :** Profitez des parcs et des espaces ouverts pour faire de l'exercice.

## 5.5 Économies sur les divertissements et les loisirs

Profiter de la vie ne doit pas nécessairement coûter cher. Voici quelques façons de s'amuser et de se détendre sans trop dépenser.

5.5.1 **Loisirs et activités abordables**

Participez à des passe-temps et à des activités amusants mais abordables.

**Exemple :** À New York, David et ses amis ont commencé à organiser des soirées de jeux à la maison au lieu de sortir. Cela leur a non seulement permis d'économiser de l'argent, mais cela leur a également permis de vivre une expérience plus personnelle et plus agréable.

**Stratégies:**
- **Organisez des réunions :** Organisez des événements sociaux à la maison au lieu de sortir.
- **Événements gratuits et à faible coût :** Participez à des événements et à des activités communautaires gratuits ou à faible coût.
- **Ressources de la bibliothèque :** Utilisez votre bibliothèque locale pour accéder gratuitement aux livres, aux films et à la musique.

5.5.2 **Voyages économiques**

Même si vous voyagez avec un budget limité, vous ne devez pas manquer de belles expériences.

**Exemple :** Lisa, une grande voyageuse de San Francisco, a commencé à utiliser des points de récompense et à réserver des vols pendant les heures creuses. Elle a également séjourné dans un logement économique. Ces stratégies lui ont permis de voyager fréquemment sans dépenser trop d'argent.

**Stratégies:**
- **Récompenses de voyage :** Utilisez les récompenses de carte de crédit ou les miles de fidélisation pour couvrir vos dépenses de voyage.
- **Voyages hors pointe :** Réservez des voyages hors pointe pour bénéficier de meilleures offres.
- **Hébergement abordable :** Séjournez dans un hébergement économique tel que des auberges ou des locations de vacances.

5.5.3 **Abonnements et adhésions**

Passez en revue vos abonnements et adhésions pour vous assurer qu'ils vous sont utiles.

**Exemple :** À Dallas, Jack a révisé ses services d'abonnement et annulé ceux qu'il utilisait rarement. Cela lui a permis d'économiser 50 $ par mois sans affecter ses options de divertissement.

**Stratégies:**
- **Audit d'abonnement :** Examinez et annulez régulièrement les abonnements et les adhésions inutilisés.
- **Partager les services :** Partagez vos abonnements avec votre famille ou vos amis pour réduire les coûts.
- **Essais gratuits :** Profitez d'essais gratuits et de réductions sur les nouveaux services.

## 5.6 Économies sur l'éducation et l'apprentissage

La formation continue et la croissance personnelle sont importantes, mais peuvent être coûteuses. Vous trouverez ici des moyens d'apprendre et de vous développer avec un budget limité.

### 5.6.1 Ressources d'apprentissage gratuites et peu coûteuses

Il existe de nombreuses ressources gratuites et peu coûteuses disponibles pour l'éducation et le développement personnel.

**Exemple :** Maria, une graphiste de Los Angeles, a suivi des cours en ligne gratuits sur des plateformes comme Coursera et Udemy pour améliorer ses compétences. Cela lui a permis d'économiser des milliers de dollars en frais de scolarité.

**Stratégies:**
- **Cours en ligne :** Profitez de cours en ligne gratuits ou à faible coût sur des plateformes telles que Coursera, Udemy, Khan Academy et

edX. Beaucoup de ces plateformes proposent une éducation de qualité gratuitement ou pour une somme modique.

### 5.6.2 **Bibliothèques publiques et programmes communautaires**

Les bibliothèques publiques et les centres communautaires fournissent souvent des ressources précieuses pour l'apprentissage et le développement personnel.

**Exemple :** À Seattle, Robert a profité de la vaste collection de livres, de livres audio et d'ateliers pédagogiques de sa bibliothèque locale. Il a également assisté à des séminaires communautaires gratuits sur des sujets intéressants. Cette approche lui a permis d'économiser beaucoup d'argent tout en élargissant ses connaissances et ses compétences.

**Stratégies:**

- **Ressources de la bibliothèque :** Empruntez des livres, des livres audio et du matériel pédagogique à votre bibliothèque locale.
- **Programmes communautaires :** Participez à des programmes et à des ateliers d'éducation communautaire gratuits ou à faible coût.

### 5.6.3 Bourses et soutien financier

Si vous souhaitez poursuivre des études formelles, renseignez-vous sur les bourses et les options d'aide financière pour réduire les coûts.

**Exemple :** Jenna, une étudiante à Atlanta, a postulé à plusieurs bourses et a reçu des subventions pour couvrir ses frais de scolarité. Elle a également profité des programmes travail-études pour couvrir ses frais de subsistance, réduisant ainsi considérablement sa dette étudiante.

**Stratégies:**

- **Bourses :** Postulez pour des bourses auprès de diverses organisations, y compris des sources locales, nationales et institutionnelles.
- **Aide financière :** Remplissez la demande gratuite d'aide fédérale aux étudiants (FAFSA) pour déterminer votre éligibilité aux subventions, aux prêts et aux programmes travail-études.

## 5.7 Des solutions créatives pour économiser au quotidien

Au-delà des catégories spécifiques, adopter un état d'esprit créatif et proactif peut conduire à des économics dans de nombreux domaines de la vie.

5.7.1 **Projets de bricolage**

Faire les choses vous-même peut être un moyen gratifiant et rentable d'accomplir diverses tâches.

**Exemple :** À Minneapolis, Paul a commencé à fabriquer ses propres produits d'entretien ménager à partir d'ingrédients simples comme du vinaigre et du bicarbonate de soude. Cela lui a non seulement permis d'économiser de l'argent, mais a également réduit l'utilisation de produits chimiques nocifs dans sa maison.

**Stratégies:**
- **Réparations domiciliaires :** Apprenez les compétences de base en réparation domiciliaire pour entreprendre vous-même de petits projets.
- **Produits faits maison :** Fabriquez des produits de nettoyage, des cadeaux et des décorations faits maison.

### 5.7.2 Troc et échanges

Échanger des services ou des objets avec des amis, des membres de votre famille ou des membres de la communauté peut être un excellent moyen d'économiser de l'argent.

**Exemple :** À Denver, Laura, coiffeuse, a échangé ses services avec un voisin mécanicien. Elle a fait entretenir sa voiture et s'est fait couper les cheveux en retour, ce qui leur a permis d'économiser de l'argent.

**Stratégies:**
- **Échange de services :** échangez des compétences ou des services avec d'autres membres de votre communauté.
- **Échange d'articles :** Organisez ou participez à des échanges de vêtements, de livres ou d'équipement.

### 5.7.3 Achats d'occasion

En achetant des articles d'occasion, vous pouvez obtenir des articles de haute qualité à une fraction du prix.

**Exemple :** À San Francisco, Emily a décoré son appartement avec des articles provenant de friperies et de marchés en ligne tels que Craigslist et Facebook Marketplace. Elle a trouvé des pièces uniques et de haute qualité pour une fraction de ce qu'elle aurait payé pour de nouveaux articles.

**Stratégies:**
- **Magasins d'aubaines :** Achetez des vêtements, des meubles et d'autres articles dans les friperies et les friperies.
- **Marchés en ligne :** Utilisez des plateformes en ligne pour acheter et vendre des articles d'occasion.

## 5.8 Études de cas sur la réduction des coûts sans sacrifier la qualité de vie

Pour illustrer ces concepts dans la pratique, examinons quelques études de cas qui montrent comment des personnes ont réussi à réduire leurs coûts tout en maintenant, voire en améliorant, leur qualité de vie.

### 5.8.1 La transformation financière de la famille Johnson

**Contexte :** La famille Johnson, vivant dans la banlieue de Chicago, était confrontée à des dettes de carte de crédit croissantes et avait du mal à économiser de l'argent pour l'éducation de ses enfants. Avec un revenu mensuel combiné de 7 500 $, ils ont dû trouver des moyens de réduire leurs dépenses sans compromettre leur style de vie.

**Stratégies mises en œuvre :**
1. **Efficacité énergétique :** Ils ont installé des appareils électroménagers et des panneaux solaires économes en énergie, réduisant ainsi leur facture d'énergie de 200 $ par mois.
2. **Planification des repas :** En planifiant les repas et en réduisant le gaspillage alimentaire, ils ont réduit leur facture d'épicerie de 300 $ par mois.
3. **Transports publics** Les Johnson ont commencé à utiliser les transports en commun plus souvent, économisant 150 $ par mois sur les frais d'essence et de stationnement.
4. **Rénovations à faire soi-même** Vous avez réalisé vous-même plusieurs projets de

rénovation domiciliaire, économisant 2 000 $ en frais d'entrepreneur.

5. **Divertissement :** La famille a commencé à organiser des soirées cinéma à la maison et à explorer des événements locaux gratuits, réduisant ainsi leurs frais de divertissement de 100 $ par mois.

**Résultats :** En un an, les Johnson ont remboursé 10 000 $ de dettes de carte de crédit et ont créé un fonds universitaire pour leurs enfants. Leur qualité de vie s'est améliorée à mesure qu'ils ont découvert de nouvelles activités peu coûteuses et développé des habitudes plus durables.

### 5.8.2 Le parcours solo de Mark vers l'indépendance financière

**Contexte :** Mark, un écrivain indépendant d'Austin, au Texas, souhaitait épargner plus intensément en vue d'une retraite anticipée. Comme il avait un revenu mensuel irrégulier d'une moyenne de 4 000 $, il devait réduire ses coûts sans compromettre son style de vie.

**Stratégies mises en œuvre :**
1. **Frais de logement :** Mark a déménagé dans un appartement plus petit et moins cher, économisant 400 $ par mois sur le loyer.
2. **Économiser sur l'épicerie :** Il a commencé à faire ses courses dans les magasins discount et à préparer davantage de repas à la maison, ce qui a réduit sa facture d'épicerie de 200 $ par mois.
3. **Santé et forme physique :** Mark est passé d'un abonnement coûteux à une salle de sport à des entraînements gratuits en plein air et à des cours de fitness en ligne, économisant ainsi 50 $ par mois.
4. **Travel Hacking :** Il a utilisé les récompenses de sa carte de crédit et ses offres de voyage pour réduire ses frais de voyage, économisant ainsi 1 000 $ sur ses vacances annuelles.
5. **Outils pour le travail indépendant :** Mark a trouvé des alternatives gratuites ou moins

coûteuses à certains des logiciels et outils qu'il utilisait pour son travail, économisant ainsi 100 $ par mois.

**Résultats :** En deux ans, Mark a économisé 20 000 $ supplémentaires, qu'il a investis dans son épargne-retraite. Il apprécie un mode de vie plus sain grâce aux activités de plein air et découvre de nouvelles façons de voyager à moindre coût.

### 5.8.3 L'épargne durable de la famille Garcia

**Contexte :** La famille Garcia de San Diego souhaitait adopter un mode de vie plus durable tout en économisant de l'argent. Avec un revenu mensuel combiné de 6 500 $, ils voulaient faire des choix écologiques qui n'alourdiraient pas leur budget.

**Stratégies mises en œuvre :**
1. **Énergie solaire :** Ils ont installé des panneaux solaires, réduisant ainsi leur facture d'électricité de 150 $ par mois.

2. **Économies d'eau :** En installant des appareils à faible débit et un système de collecte des eaux de pluie, ils ont économisé 50 $ par mois sur leur facture d'eau.
3. **Transport respectueux de l'environnement :** Les Garcia ont investi dans des vélos électriques pour les trajets courts, économisant ainsi 100 $ par mois sur le carburant et l'entretien de la voiture.
4. **Choix alimentaires durables :** Ils ont planté un jardin et ont rejoint une coopérative alimentaire locale, réduisant ainsi leur facture d'épicerie de 200 $ par mois.
5. **Minimalisme :** Ils ont adopté le minimalisme, désencombrant leur maison et vendant des objets inutilisés, gagnant 1 000 $ et réduisant l'envie d'acheter de nouvelles choses.

**Résultats :** Les Garcia ont économisé 6 000 $ supplémentaires en un an tout en réduisant leur empreinte environnementale. Ils bénéficiaient d'une maison plus organisée et plus calme, de repas plus sains et d'un sentiment d'appartenance plus fort grâce à leur coopérative alimentaire locale.

Réduire les coûts ne signifie pas que vous devez sacrifier votre qualité de vie. En vous concentrant sur la valeur, en prenant des décisions judicieuses et en faisant preuve de créativité dans vos dépenses, vous pouvez réduire vos dépenses tout en profitant d'un style de vie épanouissant et confortable.

**Les thèses centrales :**
- **Valeur par rapport au prix :** Donnez la priorité à la valeur et à la qualité, pas seulement au prix le plus bas.
- **Achats intelligents :** Prenez des décisions éclairées et utilisez des stratégies de réduction des coûts dans vos achats quotidiens.
- **Mesures préventives :** Investissez dans les soins préventifs et la maintenance pour économiser à long terme.
- **Communauté et partage :** Tirez parti des ressources communautaires, du troc et du partage pour réduire les coûts.

- **Solutions créatives :** Lancez-vous dans des projets de bricolage et trouvez des moyens innovants d'économiser.

En mettant en œuvre ces stratégies, vous pouvez prendre le contrôle de vos finances, réduire les dépenses inutiles et atteindre vos objectifs financiers sans compromettre votre bonheur et votre bien-être. N'oubliez pas : pour atteindre la liberté financière, vous devez prendre des décisions réfléchies et éclairées qui correspondent à vos valeurs et à votre style de vie.

# Chapitre 6 : Gestion de la dette

L'endettement peut peser lourdement sur votre santé financière, mais grâce à des stratégies de gestion efficaces, vous pouvez reprendre le contrôle de vos finances et œuvrer à un avenir sans dettes. Dans ce chapitre, nous explorerons diverses approches de gestion de la dette, notamment la priorisation du remboursement de la dette, la consolidation de la dette et la négociation avec les créanciers.

## 6.1 Comprendre les types de dettes

Avant de nous lancer dans les stratégies de gestion de la dette, il est important de comprendre les différents types de dette et leur impact.

6.1.1 **Bonnes dettes et mauvaises dettes**

Toutes les dettes ne sont pas égales. Si certaines dettes peuvent être bénéfiques, d'autres peuvent nuire à votre progression financière.

- **Bonne dette :** Une bonne dette est utilisée pour financer des investissements qui ont le potentiel de prendre de la valeur au fil du temps, tels que : B. Prêts étudiants pour études ou hypothèque pour une maison.
- **Créances irrécouvrables :** Les créances irrécouvrables sont utilisées pour financer des achats qui perdent de la valeur et ne génèrent pas de revenus à long terme, comme les dettes de carte de crédit pour des dépenses non essentielles ou des prêts personnels à taux d'intérêt élevé.

Comprendre la différence entre une bonne et une mauvaise dette vous aidera à prioriser le remboursement et à prendre des décisions de crédit éclairées à l'avenir.

6.1.2 **Types de dette**

La dette peut prendre de nombreuses formes, chacune avec ses propres modalités.

- **Dette de carte de crédit :** Dette contractée lors d'achats par carte de crédit, souvent associée à des taux d'intérêt élevés.
- **Prêts étudiants :** Prêts destinés à financer les frais d'études, généralement avec différents taux d'intérêt et options de remboursement.
- **Hypothèques :** Prêts pour l'achat de biens immobiliers garantis par la propriété elle-même et dont les taux d'intérêt sont généralement inférieurs à ceux des autres types de prêts.
- **Prêts personnels :** Prêts non garantis à diverses fins telles que la consolidation de dettes, l'amélioration de l'habitat ou les frais médicaux.

Pour la gérer efficacement, il est important de comprendre les modalités, les taux d'intérêt et les échéanciers de remboursement de votre dette.

## 6.2 Stratégies de remboursement de la dette

Une fois que vous connaissez votre dette, il est temps d'élaborer un plan pour la rembourser. Voici quelques stratégies à considérer :

## 6.2.1 **La méthode boule de neige de la dette**

La méthode boule de neige donne la priorité à la dette du montant le plus petit au plus élevé, quel que soit le taux d'intérêt. L'accent est mis sur le remboursement de la plus petite dette en premier, tout en effectuant des paiements minimaux sur les autres dettes. Une fois la plus petite dette payée, le montant payé pour celle-ci est transféré à la dette la plus petite suivante, créant un « effet boule de neige ».

**Exemple :** Sarah, récemment diplômée de la ville de New York, a un total de 20 000 $ de prêts étudiants, 10 000 $ de dettes de carte de crédit et un prêt automobile de 5 000 $. Elle décide d'utiliser la méthode boule de neige et commence d'abord à rembourser son prêt automobile. Après avoir remboursé le prêt automobile, elle applique le montant qu'elle a payé à sa dette de carte de crédit, et ainsi de suite.

### 6.2.2 La méthode de l'avalanche de dettes

La méthode de l'avalanche de dettes donne la priorité aux dettes en fonction de leur taux d'intérêt, en remboursant d'abord la dette ayant le taux d'intérêt le plus élevé tout en effectuant des paiements minimaux sur les autres dettes. Une fois que la dette ayant le taux d'intérêt le plus élevé est remboursée, le montant payé est appliqué à la dette ayant le taux d'intérêt le plus élevé suivant, et ainsi de suite.

**Exemple :** John, propriétaire d'une maison à Los Angeles, a une dette de carte de crédit avec un taux d'intérêt de 18 %, un prêt personnel avec un taux d'intérêt de 12 % et des prêts étudiants avec un taux d'intérêt de 6 %. Il décide d'utiliser la méthode de l'avalanche de dettes et commence par rembourser d'abord ses dettes de carte de crédit, suivi de son prêt personnel et enfin de ses prêts étudiants.

### 6.2.3 Consolidation de dettes

La consolidation de dettes consiste à combiner plusieurs dettes en un seul prêt avec un taux d'intérêt inférieur, généralement par le biais d'un prêt personnel, d'une carte de crédit avec transfert de solde ou d'un prêt sur valeur domiciliaire. Cela peut faciliter le remboursement et potentiellement réduire les frais d'intérêt globaux.

**Exemple :** Emma, une pigiste de Chicago, a plusieurs dettes de carte de crédit à taux d'intérêt élevé totalisant 15 000 $. Elle décide de contracter un prêt personnel à taux d'intérêt réduit pour regrouper ses dettes en une seule mensualité. Cela vous permet d'économiser des intérêts et simplifie votre remboursement.

## 6.3 Négociations avec les créanciers

Si vous éprouvez des difficultés à rembourser vos dettes, n'hésitez pas à contacter vos créanciers pour discuter d'autres modalités de paiement. De nombreux créanciers sont prêts à travailler avec vous pour élaborer un plan de remboursement adapté à votre situation financière.

### 6.3.1 **Règlement de dettes**

Le règlement des dettes consiste à négocier avec vos créanciers pour régler vos dettes pour un montant inférieur au montant total dû. Bien que le règlement de dettes puisse être un moyen efficace de réduire votre endettement, il peut également avoir des conséquences négatives, notamment une baisse de votre cote de crédit et d'éventuelles implications fiscales.

**Exemple :** James, propriétaire d'une petite entreprise à Houston, a négocié un règlement de 50 % de ses dettes impayées avec ses créanciers. Cela lui a permis de rembourser ses dettes plus rapidement et d'éviter la faillite.

6.3.2 **Plans de paiement**

De nombreux prêteurs proposent des plans de versement ou des programmes en cas de difficultés pour les emprunteurs qui rencontrent des difficultés financières. Ces programmes offrent généralement des mensualités inférieures ou des taux d'intérêt temporairement inférieurs pour aider les emprunteurs à se remettre sur pied.

**Exemple :** Maria, une mère célibataire de Miami, a contacté sa société de carte de crédit pour expliquer sa situation financière et a participé à un programme de difficultés qui a réduit ses paiements mensuels et a supprimé les frais de retard jusqu'à ce qu'elle se remette sur pied financièrement.

## 6.4 Évitement des dettes futures

Une fois que vous avez élaboré un plan pour faire face à votre dette actuelle, il est important de prendre des mesures pour éviter l'accumulation de dettes supplémentaires à l'avenir.

### 6.4.1 Budgétisation et planification financière

Pour éviter de futures dettes, il est important de créer un budget et de le respecter. En suivant vos revenus et vos dépenses, vous pouvez identifier les domaines dans lesquels vous pouvez réduire vos dépenses et dépenser davantage en épargne et en remboursement de vos dettes.

**Exemple :** Laura, récemment diplômée de l'université de San Francisco, crée un budget mensuel dans lequel elle détermine ses revenus, ses coûts fixes et ses autres dépenses. En suivant ses dépenses et en respectant son budget, elle peut éviter d'accumuler des dettes supplémentaires tout en remboursant ses prêts étudiants.

### 6.4.2 Fonds d'urgence

En créant un fonds d'urgence, vous pouvez éviter d'avoir à couvrir des dépenses imprévues avec des cartes de crédit ou des prêts. Essayez d'économiser trois à six mois de frais de subsistance sur un compte d'épargne à haut rendement ou un autre actif liquide.

**Exemple :** Michael, un développeur de logiciels de Seattle, met en place chaque mois des virements automatiques vers un compte d'épargne à intérêt élevé pour constituer son fonds d'urgence. Si sa voiture nécessite des réparations inattendues, il peut en couvrir les frais sans avoir à recourir à des dettes de carte de crédit.

## 6.5 Études de cas sur une gestion réussie de la dette

Pour illustrer ces stratégies de gestion de la dette dans la pratique, examinons quelques études de cas de personnes qui ont réussi à gérer leur dette et à atteindre la stabilité financière.

## 6.5.1 Le chemin des Smith vers la libération de la dette

**Contexte :** Les Smith, une famille de quatre personnes de Denver, avaient une dette de carte de crédit importante totalisant 30 000 $, en plus d'une hypothèque et de prêts étudiants. Grâce à une planification minutieuse et à une budgétisation disciplinée, ils ont pu réduire leur dette et atteindre la liberté financière.

**Stratégies mises en œuvre :**
1. **Système pyramidal de la dette :** Les Smith ont utilisé la méthode boule de neige pour prioriser leurs dettes de carte de crédit, en commençant par le plus petit solde et en progressant.
2. **Vie frugale :** Vous avez réduit vos dépenses non essentielles, cuisiné pour vous-même et annulé des abonnements inutiles pour libérer plus d'argent pour rembourser vos dettes.
3. **Revenu supplémentaire :** M. et Mme Smith ont tous deux pris un emploi à temps partiel et un travail indépendant pour augmenter

leurs revenus et accélérer le remboursement de leurs dettes.

4. **Consolidation de dettes :** Les Smith ont consolidé leurs dettes de carte de crédit en un seul prêt personnel avec un taux d'intérêt inférieur, ce qui leur a permis d'économiser des frais d'intérêt et de simplifier leur processus de remboursement.

5. **Négocier avec les créanciers :** Ils ont contacté leurs sociétés de cartes de crédit pour négocier des taux d'intérêt plus bas et des plans de paiement qui leur permettront de rembourser leurs dettes plus rapidement.

**Résultats :** En trois ans, les Smith ont réussi à rembourser toutes leurs dettes de carte de crédit ainsi qu'une partie importante de leur hypothèque et de leurs prêts étudiants. Ils ont célébré leur libération de dettes en prenant des vacances en famille et en réorientant leurs remboursements de dettes antérieurs pour épargner en vue des études universitaires et de la retraite de leurs enfants.

## 6.5.2 Le cheminement de Maria vers le rétablissement financier

**Contexte :** Maria, une mère célibataire de Miami, s'est retrouvée noyée sous les dettes de carte de crédit après une série de frais médicaux imprévus et la perte de son emploi. Déterminée à reprendre le contrôle de ses finances, elle a pris des mesures proactives pour rembourser ses dettes et rétablir sa stabilité financière.

**Stratégies mises en œuvre :**
1. **Règlement de la dette :** Maria a négocié un règlement de ses dettes impayées avec ses créanciers à une fraction du montant total, ce qui lui a permis de rembourser ses dettes plus rapidement et d'éviter la faillite.
2. **Budgetisation et suivi des dépenses :** Elle a créé un budget détaillé décrivant ses objectifs en matière de revenus, de dépenses et de remboursement de ses dettes. En suivant ses dépenses et en priorisant les dépenses essentielles, elle a pu consacrer davantage de temps au remboursement de ses dettes.

3. **Activités secondaires :** Maria s'est lancée dans des activités secondaires comme l'écriture indépendante et l'assistance virtuelle pour augmenter ses revenus et accélérer le remboursement de ses dettes.
4. **Littératie financière :** Elle a découvert les stratégies de planification financière personnelle et de gestion des dettes grâce à des livres, des ressources en ligne et des ateliers de littératie financière.
5. **Réseau de soutien :** Maria a recherché le soutien de ses amis, de sa famille et des communautés en ligne pour obtenir des encouragements et des conseils tout en remboursant sa dette.

**Résultats :** Même si Maria a dû faire face à de nombreux défis en cours de route, elle a réussi à rembourser sa dette de carte de crédit et à retrouver sa stabilité financière. Aujourd'hui, elle encadre d'autres personnes aux prises avec des dettes et milite en faveur de la littératie financière dans sa communauté.

La gestion de la dette peut être une tâche ardue, mais avec de la détermination, de la discipline et les bonnes stratégies, il est possible de surmonter même les obstacles financiers les plus difficiles. En comprenant la nature de votre dette, en élaborant un plan de remboursement, en négociant avec vos créanciers et en prenant des mesures pour éviter de futures dettes, vous pouvez reprendre le contrôle de vos finances et bâtir un meilleur avenir financier pour vous et votre famille.

N'oubliez pas que le chemin pour se libérer de l'endettement n'est peut-être pas facile, mais chaque pas vers l'indépendance financière vous rapproche de vos objectifs. Restez concentré, restez engagé et ne perdez jamais de vue la liberté financière qui vous attend de l'autre côté de la dette.

## Chapitre 7 : Stratégies d'épargne

Épargner de l'argent est un aspect fondamental du bien-être financier et de la création de richesse. Dans ce chapitre, nous explorerons diverses stratégies et techniques pour vous aider à épargner plus efficacement, que vous poursuiviez des objectifs à court terme comme un fonds d'urgence ou des objectifs à long terme comme la retraite.

## 7.1 Construire un fonds d'urgence

Un fonds d'urgence sert de filet de sécurité financière, vous offrant une tranquillité d'esprit et une protection contre les dépenses imprévues ou la perte de revenus.

7.1.1 **Fixer des objectifs d'épargne**

Tout d'abord, déterminez combien vous devez épargner pour votre fonds d'urgence. Les experts financiers recommandent de mettre de côté trois à six mois de frais de subsistance sur un compte facilement accessible.

**Exemple :** Sarah, responsable marketing à New York, estime ses frais de subsistance mensuels à 3 000 $. Elle souhaite économiser entre 9 000 et 18 000 dollars pour son fonds d'urgence, en fonction de sa richesse et de sa sécurité d'emploi.

### 7.1.2 **Automatiser les économies**

Configurez des transferts automatiques de votre compte courant vers votre compte de fonds d'urgence. L'automatisation de votre épargne garantit la cohérence et vous aide à constituer votre fonds d'urgence progressivement au fil du temps.

**Exemple :** John, un développeur de logiciels à Los Angeles, met en place un transfert mensuel récurrent de 300 $ de son compte courant vers son compte d'épargne à intérêt élevé dédié uniquement à son fonds d'urgence.

### 7.1.3 **Garder les ressources accessibles**

Bien qu'il soit important d'avoir un accès rapide à votre fonds d'urgence pour faire face à des dépenses imprévues, vous devriez l'investir dans un compte d'épargne à haut rendement ou un compte du marché monétaire afin de maximiser les revenus d'intérêts tout en maintenant la liquidité.

**Exemple :** Emma, une écrivaine indépendante de Chicago, ouvre un compte d'épargne à intérêt élevé auprès d'une banque en ligne qui propose des taux d'intérêt bas et un accès facile aux fonds en cas d'urgence.

## 7.2 Objectifs d'épargne à court terme

En plus de votre fonds d'urgence, il est important d'épargner pour des objectifs financiers à court terme comme les vacances, les rénovations domiciliaires ou l'achat d'une voiture.

7.2.1 **Fixer des objectifs concrets**

Fixez-vous des objectifs d'épargne à court terme spécifiques et fixez un montant cible et un calendrier pour chaque objectif. Cela vous aidera à rester motivé et à suivre vos progrès tout au long du processus.

**Exemple :** Laura, une enseignante de Denver, se fixe comme objectif d'économiser 2 000 $ pour des vacances d'été en Europe l'année prochaine. Elle décompose son objectif en objectifs d'épargne mensuels pour s'assurer de rester sur la bonne voie.

### 7.2.2 Création d'un compte d'épargne séparé

Pensez à ouvrir un compte d'épargne distinct pour chacun de vos objectifs à court terme afin de garder vos fonds organisés et facilement identifiables.

**Exemple :** Michael, un analyste financier de Seattle, ouvre un compte d'épargne spécial pour les dépenses de son prochain mariage. Il appelle ce compte un « fonds de mariage » pour le distinguer de ses autres objectifs d'épargne.

7.2.3 **Budgétisation des économies**

Mettez de côté une partie de votre budget mensuel pour vos objectifs d'épargne à court terme. Considérez vos cotisations d'épargne comme des dépenses non négociables pour prioriser vos objectifs financiers.

**Exemple :** Maria, graphiste à Miami, inclut un poste « épargne vacances » dans son budget mensuel et transfère un montant fixe sur son compte d'épargne désigné chaque jour de paie.

## 7.3 Objectifs d'épargne à long terme

Les objectifs d'épargne à long terme, comme la planification de la retraite ou l'épargne pour les études des enfants, nécessitent une approche différente et impliquent souvent des investissements axés sur la croissance.

7.3.1 **Planification de la retraite**

Commencez à épargner pour la retraite le plus tôt possible pour bénéficier des intérêts composés et maximiser votre potentiel d'épargne au fil du temps.

**Exemple :** James, un ingénieur logiciel de Houston, cotise une partie de ses revenus au plan de retraite 401(k) parrainé par son employeur, bénéficiant ainsi de cotisations patronales de contrepartie et d'une appréciation non imposable.

7.3.2 **Économies dans le secteur de l'éducation**

Si vous avez des enfants ou envisagez vous-même de poursuivre vos études, commencez tôt à épargner pour les frais de formation afin de réduire la charge financière à l'avenir.

**Exemple :** Rachel et David, un couple de San Francisco, ouvrent un plan d'épargne-études de 529 pour leur fils nouveau-né. Vous cotisez régulièrement au régime, profitant ainsi d'avantages fiscaux potentiels et de la croissance des placements.

## 7.4 Maximiser les opportunités d'économies

En plus des comptes d'épargne traditionnels, explorez d'autres options et stratégies d'épargne pour maximiser votre potentiel d'épargne.

### 7.4.1 Comptes d'épargne à intérêt élevé

Pensez à ouvrir un compte d'épargne à intérêt élevé pour obtenir un taux d'intérêt plus élevé sur votre épargne par rapport aux comptes d'épargne traditionnels.

**Exemple :** Karen, une infirmière de Dallas, transfère son fonds d'urgence sur un compte d'épargne à intérêt élevé dans une banque en ligne et reçoit un faible taux d'intérêt sur son épargne.

### 7.4.2 Certificat de dépôt (CD)

Les CD offrent un taux d'intérêt fixe et une date d'échéance fixe, ce qui en fait un moyen à faible risque d'économiser de l'argent auquel vous n'avez pas besoin d'accéder immédiatement.

**Exemple :** Robert, un retraité de Minneapolis, investit une partie de ses économies dans un CD d'un an pour gagner un taux d'intérêt plus élevé qu'un compte d'épargne traditionnel.

### 7.4.3 Comptes fiscalement avantageux

Utilisez des comptes de retraite fiscalement avantageux tels que les IRA et les 401(k) pour maximiser votre épargne-retraite et réduire votre obligation fiscale.

**Exemple :** Jenna, propriétaire d'une petite entreprise à Atlanta, cotise à un Roth IRA en plus de son plan de retraite parrainé par l'employeur pour diversifier son épargne-retraite et potentiellement réduire sa facture fiscale à la retraite.

## 7.5 Études de cas de stratégies d'épargne réussies

Examinons quelques études de cas de personnes qui ont mis en œuvre avec succès des stratégies d'épargne pour atteindre leurs objectifs financiers.

7.5.1 **Le chemin des Thompson vers l'indépendance financière**

**Contexte :** Les Thompson, une famille de quatre personnes originaire de Chicago, rêvaient d'indépendance financière et de retraite anticipée. Grâce à une planification minutieuse et à des habitudes d'épargne disciplinées, ils ont réalisé leurs rêves.

**Stratégies mises en œuvre :**
1. **Épargne agressive :** Les Thompson vivaient frugalement et économisaient une partie

importante de leurs revenus. Ils visaient à épargner 50 % de leurs revenus chaque année.
2. **Diversification des investissements :** Ils ont diversifié leur portefeuille d'épargne et d'investissement, en répartissant leurs actifs entre une combinaison d'actions, d'obligations et d'immobilier pour minimiser les risques et maximiser le potentiel de croissance.
3. **Comptes de retraite :** M. et Mme Thompson ont tous deux contribué le montant maximum autorisé à leurs comptes de retraite parrainés par l'employeur et ont complété leur épargne en cotisant à des comptes de retraite individuels (IRA).
4. **Épargne automatisée :** Vous configurez des transferts automatiques de votre compte courant vers vos différents comptes d'épargne et d'investissement, garantissant ainsi des dépôts réguliers sans intervention manuelle.
5. **Ajustements de style de vie :** Les Thompson ont apporté des ajustements stratégiques à leur mode de vie, tels que la réduction de la taille de leur maison et la réduction des dépenses discrétionnaires afin de

libérer plus d'argent pour l'épargne et les investissements.

**Résultats :** Au cours de 15 années, les Thompson ont épargné et investi leur argent avec diligence, construisant progressivement une fortune importante qui leur a permis de prendre une retraite confortable au début de la cinquantaine. En respectant leur plan d'épargne et en restant disciplinés dans leurs habitudes financières, ils ont acquis leur indépendance financière et profitent désormais d'une retraite épanouissante.

### 7.5.2 Le cheminement de Sarah vers l'accession à la propriété

**Contexte :** Sarah, une jeune professionnelle de New York, rêvait de posséder sa propre maison, mais a été confrontée à des défis en raison du coût de la vie élevé dans la ville. Avec détermination et planification stratégique, elle a réussi à surmonter les obstacles et à atteindre son objectif.

**Stratégies mises en œuvre :**
1. **Plan d'épargne :** Sarah a créé un plan d'épargne détaillé décrivant le montant de sa mise de fonds et le calendrier d'achat d'une maison. Elle a ajusté son budget et son style de vie pour donner la priorité à l'épargne en vue d'acheter sa maison.
2. **Revenu secondaire :** En plus de son emploi à temps plein, Sarah a accepté un travail indépendant et des emplois secondaires pour augmenter ses revenus et épargner plus rapidement.
3. **Vie frugale :** Sarah a mené une vie frugale en mangeant moins au restaurant, en se divertissant moins et en supprimant les dépenses inutiles pour économiser plus d'argent pour sa mise de fonds.
4. **Aide au paiement de la mise de fonds** Sarah a découvert les programmes d'aide au paiement de la mise de fonds et les incitations pour les acheteurs d'une première maison proposés par les gouvernements locaux et

étatiques pour combler l'écart entre leurs économies et les coûts d'accession à la propriété.

5. **Informations sur l'achat d'une maison**
Sarah s'est formée sur le processus d'achat d'une maison, y compris les options hypothécaires, les frais de clôture et les responsabilités du propriétaire, pour prendre des décisions éclairées et naviguer avec succès sur le marché immobilier.

**Résultats :** Après plusieurs années d'épargne et de planification minutieuse, Sarah a pu acheter avec succès sa première maison à Brooklyn, New York. En restant concentrée sur son objectif, en utilisant les ressources disponibles et en prenant des décisions financières stratégiques, elle a réalisé son rêve d'accéder à la propriété dans un marché immobilier concurrentiel.

Économiser de l'argent est un aspect fondamental de la réussite financière et de la création de richesse. En mettant en œuvre des stratégies d'épargne efficaces, en fixant des objectifs clairs et en restant discipliné dans vos habitudes financières, vous pouvez atteindre vos objectifs à court terme et bâtir une base solide pour une sécurité financière à long terme.

N'oubliez pas qu'épargner ne consiste pas seulement à se priver des plaisirs présents ; il s'agit d'investir dans votre avenir et de créer des opportunités de liberté et d'indépendance financières. Que vous épargniez pour un fonds d'urgence, un achat important ou pour la retraite, chaque dollar que vous épargnez vous rapproche de vos objectifs financiers.

Restez concentré, discipliné et engagé envers votre réussite financière. Avec de la patience, de la persévérance et les bonnes stratégies, vous pouvez économiser de l'argent, accroître votre patrimoine et créer l'avenir que vous souhaitez

## Chapitre 8 : Investir dans l'avenir

L'investissement est un outil puissant pour augmenter votre patrimoine et atteindre vos objectifs financiers. Dans ce chapitre, nous explorerons diverses stratégies d'investissement, classes d'actifs et conseils pour vous aider à prendre des décisions d'investissement éclairées et à assurer votre avenir financier.

## 8.1 Comprendre les bases de l'investissement

Avant de se plonger dans des stratégies d'investissement spécifiques, il est important de comprendre les principes de base de l'investissement.

### 8.1.1 Risque et rendement

Tous les investissements comportent un certain degré de risque, mais un risque plus élevé s'accompagne d'un potentiel de rendement plus élevé. Pour sélectionner des investissements appropriés, il est essentiel de comprendre votre tolérance au risque et vos objectifs d'investissement.

**Exemple :** John, un investisseur averse au risque de Los Angeles, préfère les investissements conservateurs avec des rendements potentiels plus faibles mais également un risque plus faible. En revanche, Sarah, une investisseuse agressive de New York, est prête à prendre plus de risques afin d'obtenir des rendements potentiels plus élevés.

### 8.1.2 Diversifications

La diversification implique de répartir vos investissements sur différentes classes d'actifs, secteurs et régions géographiques pour réduire les risques et améliorer la stabilité globale du portefeuille.

**Exemple :** Robert, un retraité de Minneapolis, diversifie son portefeuille d'investissement en répartissant ses actifs entre actions, obligations, biens immobiliers et équivalents de trésorerie. Cette diversification permet d'atténuer l'impact de la volatilité des marchés sur l'ensemble de son portefeuille.

8.1.3 **Horizon temporel**

Votre horizon d'investissement fait référence à la durée pendant laquelle vous prévoyez détenir un investissement avant de devoir accéder aux fonds. Des horizons temporels plus longs permettent généralement des stratégies d'investissement plus agressives et un plus grand potentiel de croissance.

**Exemple :** Laura, enseignante à Denver, a un long horizon d'investissement de 30 ans jusqu'à sa retraite. Par conséquent, il se concentre sur les investissements de croissance à long terme tels que les actions et les fiducies de placement immobilier (REIT).

## 8.2 Types d'investissements

Différentes classes d'actifs et véhicules d'investissement sont proposés aux investisseurs, chacun ayant son propre profil risque-rendement et son propre potentiel de croissance.

### 8.2.1 **Actions**

Les actions représentent la propriété d'une entreprise et offrent un potentiel d'appréciation grâce à l'appréciation des prix et aux dividendes.

**Exemple :** Jenna, propriétaire d'une petite entreprise à Atlanta, investit dans un portefeuille diversifié d'actions individuelles et de fonds négociés en bourse (ETF) pour capitaliser sur le potentiel de croissance du marché boursier.

### 8.2.2 **Obligations**

Les obligations sont des titres de créance émis par des gouvernements, des sociétés ou des municipalités qui paient des intérêts fixes et remboursent le capital à l'échéance.

**Exemple :** Michael, un développeur de logiciels de Seattle, investit dans les obligations municipales de son gouvernement local pour générer des revenus non imposables et préserver le capital.

### 8.2.3 Immobilier

L'investissement immobilier implique de posséder des biens immobiliers physiques ou d'investir dans des fiducies de placement immobilier (REIT) qui possèdent et gèrent des propriétés génératrices de revenus.

**Exemple :** Rachel et David, un couple de San Francisco, diversifient leur portefeuille d'investissement en investissant dans des propriétés locatives en plus des actions et obligations traditionnelles.

### 8.2.4 Fonds d'investissement et ETF

Les fonds communs de placement et les ETF mettent en commun l'argent de plusieurs investisseurs pour investir dans un portefeuille diversifié d'actions, d'obligations ou d'autres actifs, donnant accès à une gestion professionnelle et à une large exposition au marché.

**Exemple :** Karen, une infirmière de Dallas, investit dans un fonds commun de placement indiciel à faible coût qui suit la performance de l'indice S&P 500, lui donnant ainsi une exposition au marché boursier au sens large.

### 8.2.5 Comptes de retraite

Les comptes de retraite tels que les comptes 401(k) et IRA offrent des avantages fiscaux et un potentiel de croissance à long terme, ce qui en fait de précieux outils de planification de retraite.

**Exemple :** James, ingénieur logiciel à Houston, maximise ses cotisations à son plan 401(k) parrainé par l'employeur et à Roth IRA pour bénéficier d'une croissance à impôt différé et d'éventuels retraits en franchise d'impôt à la retraite.

## 8.3 Stratégies d'investissement

Une fois que vous avez sélectionné vos véhicules d'investissement, il est important d'élaborer une stratégie d'investissement cohérente et adaptée à vos objectifs financiers et à votre tolérance au risque.

8.3.1 **Acheter et conserver**

La stratégie d'achat et de conservation consiste à acheter des investissements avec l'intention de les conserver à long terme, quelles que soient les fluctuations du marché à court terme.

**Exemple :** Sarah, responsable marketing à New York, adopte une approche d'achat et de conservation pour investir dans des actions versant des dividendes, en se concentrant sur les entreprises présentant des fondamentaux solides et un potentiel de croissance à long terme.

### 8.3.2 Calculs périodiques des coûts en dollars

La moyenne des coûts consiste à investir un montant fixe à intervalles réguliers, quelles que soient les conditions du marché, afin de réduire l'impact de la volatilité du marché sur le rendement de vos investissements.

**Exemple :** John, un investisseur averse au risque à Los Angeles, met en œuvre une stratégie d'investissement périodique en investissant 500 $ dans un fonds commun de placement diversifié chaque mois, que le marché soit à la hausse ou à la baisse.

### 8.3.3 Investissement de valeur

L'investissement axé sur la valeur consiste à identifier des titres sous-évalués et à les acheter dans l'espoir que leur valeur intrinsèque sera reconnue par le marché au fil du temps.

**Exemple :** Robert, un retraité de Minneapolis, suit une stratégie d'investissement axée sur la valeur en examinant des actions individuelles et en se concentrant sur les sociétés dont les actions se négocient en dessous de leur valeur intrinsèque, sur la base d'une analyse fondamentale.

### 8.3.4 Investissements de croissance

L'investissement de croissance se concentre sur l'investissement dans des entreprises à fort potentiel de croissance, souvent dans des secteurs ou des secteurs émergents, dans le but de bénéficier de la croissance future des bénéfices.

**Exemple :** Laura, enseignante à Denver, adopte une approche d'investissement de croissance en investissant dans des entreprises de technologie et de soins de santé prêtes à connaître une expansion et une innovation rapides.

## 8.4 Gestion des risques

Bien qu'investir comporte intrinsèquement des risques, vous pouvez prendre des mesures pour les atténuer et protéger votre portefeuille d'investissement.

8.4.1 **Partage du patrimoine**

Assurez une répartition d'actifs équilibrée qui reflète votre tolérance au risque et vos objectifs d'investissement. Diversifiez votre portefeuille entre différentes classes d'actifs pour répartir les risques et minimiser les pertes potentielles.

**Exemple :** Jenna, propriétaire d'une petite entreprise à Atlanta, diversifie son portefeuille d'investissement en investissant 60 % dans des actions, 30 % dans des obligations et 10 % dans des fiducies de placement immobilier (REIT).

8.4.2 **Revue périodique et rééquilibrage**

Examinez régulièrement votre portefeuille d'investissement et rééquilibrez-le si nécessaire pour maintenir la répartition d'actifs et le profil de risque souhaités. Le rééquilibrage consiste à vendre des actifs dont la valeur a augmenté et à réinvestir le produit dans des actifs sous-performants pour rétablir votre allocation cible.

**Exemple :** Michael, un développeur de logiciels de Seattle, effectue un examen trimestriel de son portefeuille d'investissement et le rééquilibre si nécessaire pour garantir que sa répartition d'actifs continue d'atteindre ses objectifs d'investissement.

## 8.5 Études de cas sur des stratégies d'investissement réussies

Examinons quelques études de cas de personnes qui ont mis en œuvre des stratégies d'investissement efficaces pour atteindre leurs objectifs financiers.

### 8.5.1 Le chemin des Johnson vers une retraite réussie

**Contexte :** Les Johnson, un couple marié de Chicago, rêvaient de prendre une retraite anticipée et de parcourir le monde. Grâce à une approche de placement disciplinée et à une concentration sur la croissance à long terme, ils ont réalisé leurs rêves de retraite.

**Stratégies mises en œuvre :**
1. **Démarrage anticipé :** Les Johnson ont commencé à investir pour leur retraite dans la vingtaine, en utilisant les intérêts composés pour accroître leur patrimoine au fil du temps.
2. **Maximiser les comptes de retraite :** Ils ont cotisé chaque année les montants maximaux autorisés à leurs plans 401(k) et IRA parrainés par l'employeur et ont bénéficié d'une croissance libre d'impôt et de cotisations patronales de contrepartie.
3. **Portefeuille diversifié :** Les Johnson ont diversifié leur portefeuille d'investissement en actions, obligations et immobilier pour réduire

les risques et maximiser le potentiel de croissance à long terme.

4. **Dépôts réguliers :** Ils ont effectué des dépôts réguliers sur leurs comptes de placement et ont utilisé une combinaison de transferts automatiques et de bonus inattendus pour augmenter leur taux d'épargne.

5. **Réinvestissement des dividendes :** Au lieu de retirer les dividendes de leurs comptes d'investissement, les Johnson les ont réinvestis pour acheter des actions supplémentaires et augmenter leurs retours sur investissement.

**Résultats :** Au cours de plusieurs décennies d'épargne et d'investissement disciplinés, les Johnson ont accumulé une fortune importante qui leur a permis de prendre une retraite confortable au début de la cinquantaine. En respectant leur plan d'investissement, en restant disciplinés malgré les ralentissements des marchés et en maintenant une perspective à long terme, ils ont atteint leurs objectifs de retraite et profitent désormais d'un style de vie épanouissant de voyages et de loisirs.

## 8.5.2 Le chemin d'Emily vers l'indépendance financière

**Parcours :** Emily, une professionnelle célibataire de New York, recherchait l'indépendance financière et une retraite anticipée pour poursuivre ses passions. Grâce à des investissements stratégiques et à un mode de vie frugal, elle a atteint son objectif d'indépendance financière au début de la quarantaine.

**Stratégies mises en œuvre :**
1. **Taux d'épargne élevé :** Emily a maintenu un taux d'épargne élevé, épargnant régulièrement 50 % ou plus de son revenu chaque année pour accélérer son chemin vers l'indépendance financière.
2. **Investir dans des fonds indiciels à faible coût :** Elle a investi la majorité de ses économies dans des fonds indiciels à faible coût, qui offrent une large exposition au marché et des

frais minimes, lui permettant d'obtenir des rendements de marché sans gestion active.

3. **Investissements immobiliers :** Emily a diversifié son portefeuille d'investissement en achetant des propriétés locatives sur des marchés abordables en dehors de la ville de New York, générant ainsi des revenus passifs et en créant des capitaux propres au fil du temps.

4. **Vie frugale :** Elle a maintenu un style de vie minimaliste qui donnait la priorité aux expériences plutôt qu'aux possessions matérielles et minimisait les dépenses inutiles pour maximiser les économies et les investissements.

5. **Activités secondaires :** En plus de son travail à temps plein, Emily a exercé des activités annexes et un travail indépendant pour augmenter ses revenus et accélérer son chemin vers l'indépendance financière.

**Résultats :** Grâce à une épargne disciplinée, à des investissements stratégiques et à un engagement envers un mode de vie frugal, Emily a atteint son indépendance financière au début de la quarantaine. Grâce à ses efforts d'investissement diligents et à son engagement indéfectible envers l'indépendance financière, elle jouit désormais de la liberté de poursuivre ses passions, de parcourir le monde et de vivre sa vie selon ses propres conditions.

L'investissement est un outil puissant pour créer du patrimoine, atteindre des objectifs financiers et assurer votre avenir. En comprenant les bases de l'investissement, en choisissant les investissements appropriés et en mettant en œuvre des stratégies d'investissement judicieuses, vous pouvez faire croître votre patrimoine et créer la vie que vous souhaitez.

N'oubliez pas qu'investir est une affaire à long terme qui nécessite de la patience, de la discipline et une volonté de prendre des risques. Restez informé, diversifiez-vous et respectez votre plan d'investissement et vous serez sur la bonne voie vers la réussite financière et la prospérité.

Avec la bonne attitude et la bonne approche, investir peut être une entreprise gratifiante et épanouissante qui vous aidera à réaliser vos rêves et à vivre pleinement votre vie. Alors commencez à investir dès aujourd'hui et mettez-vous sur la voie d'un avenir meilleur et plus prospère.

# Chapitre 9 : Comprendre le crédit

Le crédit joue un rôle important dans les finances personnelles, affectant tout, du pouvoir d'achat au coût d'emprunt. Dans ce chapitre, nous aborderons les bases du crédit, notamment son fonctionnement, les types de crédit disponibles, les facteurs qui affectent le score de crédit et la manière de gérer efficacement le crédit.

## 9.1 Qu'est-ce que le crédit ?

Le crédit est un instrument financier qui permet aux particuliers d'emprunter de l'argent ou d'accéder à des biens et services avec la promesse d'un remboursement dans le futur. Il représente la confiance d'un prêteur dans la capacité d'un emprunteur à rembourser les fonds empruntés en fonction de son comportement financier passé et de sa solvabilité.

### 9.1.1 Le rôle du crédit

Les prêts permettent aux particuliers de :
- Effectuer des achats : les cartes de crédit et les prêts permettent aux consommateurs d'acheter des biens et des services sans avoir à payer d'avance.
- Emprunter de l'argent : les prêts personnels, les prêts hypothécaires et les prêts automobiles donnent accès à des fonds pour des achats importants ou des urgences financières.
- Construire un historique financier : Utiliser le crédit de manière responsable permet de construire un historique de crédit positif, ce qui est crucial pour obtenir de futurs prêts et des conditions favorables.

## 9.2 Types de crédit

Les prêts peuvent prendre diverses formes, chacune avec ses propres conditions et objectifs.

### 9.2.1 Crédit renouvelable

Avec un prêt renouvelable, les emprunteurs peuvent accéder à une marge de crédit avec une limite de crédit définie et effectuer des achats ou des retraits d'espèces jusqu'à cette limite. Les conditions de remboursement varient et les emprunteurs ont la possibilité de reporter leurs soldes de mois en mois.

**Exemple :** Les cartes de crédit sont une forme courante de crédit renouvelable. Ils permettent au titulaire de la carte d'effectuer des achats jusqu'à sa limite de crédit et de rembourser le solde au fil du temps avec intérêts.

### 9.2.2 **Prêt à tempérament**

Avec un prêt à tempérament, vous empruntez un montant fixe et le remboursez sur une période de temps déterminée en versements réguliers et prédéterminés, qui comprennent généralement le capital et les intérêts.

**Exemple :** Les prêts automobiles et les hypothèques sont des exemples de prêts à tempérament dans lesquels l'emprunteur effectue des versements mensuels jusqu'à ce que le prêt soit intégralement remboursé.

9.2.3 **Solde ouvert**

Les comptes de crédit ouverts offrent aux emprunteurs une marge de crédit qui doit être remboursée intégralement chaque mois. Il n'y a pas de limite de dépenses prédéfinie, mais les soldes doivent être remboursés intégralement avant la date d'échéance pour éviter les frais d'intérêt.

**Exemple :** Les cartes de crédit telles qu'American Express fonctionnent sur une base de crédit ouverte et exigent que les titulaires de carte remboursent la totalité de leur solde chaque mois.

## 9.3 Comprendre les cotes de crédit

Un pointage de crédit est une représentation numérique de la solvabilité d'une personne basée sur ses antécédents de crédit et son comportement financier. Les cotes de crédit sont utilisées par les prêteurs pour évaluer le risque de crédit d'un emprunteur et pour fixer les taux d'intérêt et les conditions du prêt.

### 9.3.1 Facteurs affectant la solvabilité

La solvabilité est influencée par divers facteurs, notamment :
- Historique de paiement : payer les factures et les prêts à temps démontre un comportement financier responsable et contribue à une cote de crédit plus élevée.
- Utilisation du crédit : le montant du crédit utilisé par rapport au crédit disponible affecte la solvabilité. Des taux d'utilisation plus faibles sont généralement favorables.
- Durée des antécédents de crédit : des antécédents de crédit plus longs reflètent l'expérience d'un emprunteur en matière de gestion du crédit au fil du temps et ont un impact positif sur les cotes de crédit.

- Types de crédit : Une combinaison diversifiée de comptes de crédit, tels que les cartes de crédit, les prêts et les hypothèques, peut améliorer la solvabilité.
- Nouvelles demandes de crédit : une demande de nouveau crédit peut temporairement réduire votre pointage de crédit, car cela peut indiquer un risque accru.

### 9.3.2 **Plages de cotes de crédit**

Les cotes de crédit varient généralement entre 300 et 850, les cotes plus élevées indiquant un risque de crédit plus faible et une solvabilité plus élevée. Différents modèles de notation de crédit peuvent avoir des plages et des critères de calcul légèrement différents.

**Exemple :** Une cote de crédit supérieure à 700 est généralement considérée comme bonne, tandis qu'une cote inférieure à 600 peut indiquer un risque de crédit plus élevé et un accès limité à des prêts avantageux.

## 9.4 Gérer efficacement les prêts

Une gestion efficace du crédit est essentielle pour maintenir la santé financière et maximiser l'accès au crédit à des conditions favorables.

### 9.4.1 Payer les factures à temps

Payer les factures et les versements du prêt à temps est essentiel pour maintenir un historique de crédit positif et éviter les pénalités de retard et les entrées de rapport de crédit négatives.

**Exemple :** Sarah, responsable marketing à New York, met en place des paiements automatiques sur ses cartes de crédit et ses prêts pour s'assurer de ne jamais manquer une date limite de paiement.

### 9.4.2 Surveillance des rapports de crédit

En examinant régulièrement les rapports de crédit, les individus peuvent identifier les erreurs, les inexactitudes ou les activités frauduleuses et prendre des mesures correctives si nécessaire.

**Exemple :** John, un développeur de logiciels à Los Angeles, demande chaque année des rapports de solvabilité gratuits aux trois principales agences d'évaluation du crédit et les examine pour déceler les écarts.

### 9.4.3 Gérer l'utilisation du crédit

Garder le solde de votre carte de crédit à un niveau bas par rapport à votre limite de crédit peut vous aider à maintenir un taux d'utilisation du crédit sain et avoir un impact positif sur votre pointage de crédit.

**Exemple :** Laura, enseignante à Denver, surveille régulièrement les soldes de ses cartes de crédit et s'efforce de maintenir son taux d'utilisation en dessous de 30 % afin de maximiser sa cote de crédit.

### 9.4.4 Limiter les nouvelles demandes de crédit

En demandant du crédit avec parcimonie, l'impact sur votre pointage de crédit peut être minimisé et le risque de découvert de crédit peut être réduit.

**Exemple :** Michael, un analyste financier à Seattle, ne demande un nouveau crédit que lorsque cela est nécessaire et évite d'ouvrir plusieurs nouveaux comptes sur une courte période.

## 9.5 Études de cas sur une gestion efficace du crédit

Explorons quelques études de cas de personnes qui ont réussi à gérer leurs prêts et à réussir financièrement.

9.5.1 **Le chemin des Thompson vers un excellent crédit**

**Contexte :** Les Thompson, une famille de quatre personnes de Chicago, ont bénéficié d'un excellent crédit tout au long de leur vie, ce qui leur a permis d'obtenir des prêts à des taux avantageux et d'atteindre leurs objectifs financiers.

**Stratégies mises en œuvre :**
1. **Paiements à temps :** Les Thompson ont toujours payé leurs factures et leurs versements de prêt à temps et n'ont jamais manqué une date limite de paiement ni dû payer des frais de retard.
2. **Faible utilisation du crédit :** Ils ont maintenu les soldes de leurs cartes de crédit à un niveau bas par rapport à leurs limites de crédit et ont maintenu un taux d'utilisation du crédit sain, inférieur à 10 %.
3. **Combinaison de crédit diversifiée :** Les Thompson disposaient d'une combinaison diversifiée de comptes de crédit, notamment des cartes de crédit, des prêts automobiles et une hypothèque, démontrant leur capacité à gérer différents types de crédit de manière responsable.

4. **Surveillance régulière du crédit :** Ils vérifiaient régulièrement leurs rapports de crédit pour déceler des erreurs ou des inexactitudes et prenaient des mesures rapides pour corriger toute divergence.
5. **Limiter les nouvelles demandes de crédit :** Les Thompson ont demandé de nouveaux crédits avec parcimonie et uniquement en cas de besoin, et ont évité d'ouvrir plusieurs nouveaux comptes en même temps pour éviter des demandes de crédit excessives.

**Résultats :** Grâce à une gestion prudente du crédit, les Thompson ont maintenu d'excellentes cotes de crédit de plus de 800 tout au long de leur vie, leur permettant d'accéder au crédit aux taux d'intérêt les plus bas et aux conditions les plus avantageuses. Ses solides antécédents de crédit lui ont servi de base pour atteindre ses objectifs financiers, notamment l'accession à la propriété, le financement des études et la planification de la retraite.

## 9.5.2 Le parcours d'Emily pour reconstruire son crédit

**Contexte :** Emily, une professionnelle célibataire de New York, a eu des problèmes de crédit dès son plus jeune âge, mais a réussi à reconstruire son crédit et à atteindre une stabilité financière grâce à une gestion disciplinée du crédit.

**Stratégies mises en œuvre :**
1. **Réparation du crédit :** Emily a pris des mesures proactives pour réparer son crédit en payant les factures en souffrance, en contestant les inexactitudes de ses rapports de crédit et en négociant des règlements avec ses créanciers.
2. **Cartes de crédit sécurisées :** Elle a obtenu des cartes de crédit sécurisées pour reconstituer son crédit en les utilisant de manière responsable et en effectuant des paiements à temps pour prouver sa solvabilité.
3. **Surveillance du crédit :** Emily s'est inscrite à des services de surveillance du crédit pour suivre ses progrès et rester informée des

modifications apportées à ses rapports de crédit. Cela lui permet de résoudre immédiatement tout problème et d'éviter que sa solvabilité ne soit davantage affectée.

4. **Budget et planification financière :** Emily a élaboré un budget et un plan financier complets pour gérer ses dépenses, donner la priorité au remboursement de ses dettes et reconstituer ses économies, jetant ainsi les bases d'une stabilité financière à long terme.

5. **Patience et persévérance :** Malgré les revers et les défis en cours de route, Emily est restée patiente et persévérante dans ses efforts pour reconstruire son crédit et est restée concentrée sur son objectif ultime : atteindre la liberté financière.

**Résultats :** Grâce à sa détermination, à sa discipline et à sa persévérance, Emily a pu reconstruire son crédit et atteindre une cote de crédit de plus de 700 en quelques années. Leurs cotes de crédit améliorées ont ouvert la porte à de meilleures opportunités financières, notamment des taux d'intérêt plus bas sur les prêts et les cartes de crédit, un accès accru au crédit et une meilleure santé financière globale. Le parcours d'Emily témoigne du pouvoir de la résilience et de la gestion proactive du crédit pour surmonter les obstacles financiers et bâtir un meilleur avenir financier.

Les prêts sont des outils financiers précieux qui, lorsqu'ils sont gérés efficacement, peuvent ouvrir la porte à de nouvelles opportunités et améliorer votre situation financière. En comprenant les bases du crédit, en cultivant des habitudes de crédit responsables et en gérant activement votre profil de crédit, vous pouvez exploiter le pouvoir du crédit pour atteindre vos objectifs financiers et assurer votre avenir.

N'oubliez pas que bâtir et maintenir un bon crédit demande du temps, des efforts et de la discipline, mais les récompenses en valent la peine. Que vous souhaitiez acheter une maison, financer une voiture ou simplement profiter de la commodité d'une carte de crédit, une gestion responsable du crédit est la clé pour libérer votre plein potentiel de crédit et maximiser votre réussite financière.

Alors prenez le contrôle de votre crédit dès aujourd'hui, découvrez les meilleures pratiques en matière de gestion du crédit et engagez-vous sur la voie de l'indépendance financière et de la prospérité. Avec les bonnes connaissances et habitudes, vous pouvez bâtir une base de crédit solide qui constituera la pierre angulaire de votre bien-être financier global.

## Chapitre 10 : Budgétisation pour les événements majeurs de la vie

La vie est pleine d'étapes et d'événements importants qui ont souvent des implications financières. Dans ce chapitre, vous apprendrez à budgétiser efficacement les événements importants de la vie tels que les mariages, les dépenses universitaires, l'achat d'une maison, la naissance d'enfants et la retraite. En planifiant à l'avance et en gérant judicieusement vos finances, vous pouvez traverser ces transitions avec confiance et facilité.

## 10.1 Budgétisation pour les mariages

Les mariages sont des occasions joyeuses, mais ils peuvent aussi coûter cher. Planifier à l'avance et établir un budget de mariage peut aider les couples à maîtriser les coûts et à éviter le stress financier.

### 10.1.1 Établir un budget réaliste

Déterminez combien vous pouvez vous permettre de dépenser pour votre mariage en fonction de votre situation financière et de vos priorités. Lorsque vous établissez votre budget, tenez compte de facteurs tels que le lieu, la restauration, les vêtements, la photographie et les divertissements.

**Exemple :** Sarah et Michael, un couple de Los Angeles, ont fixé un budget de mariage de 20 000 $ en fonction de leurs économies et des contributions des membres de leur famille.

### 10.1.2 **Priorisation des dépenses**

Identifiez vos principales priorités pour le mariage et allouez les fonds en conséquence. Décidez quels aspects du mariage sont les plus importants pour vous et allouez plus de fonds à ces domaines tout en réduisant les dépenses moins importantes.

**Exemple :** Sarah et Michael apprécient un beau lieu et des photographies professionnelles pour le jour de leur mariage et consacrent une plus grande partie de leur budget à ces aspects, mais optent pour un forfait restauration plus modeste.

### 10.1.3 Suivi des dépenses

Gardez à l'esprit les coûts du mariage lorsque vous planifiez et magasinez pour vous assurer de respecter votre budget. Utilisez des feuilles de calcul, des applications de budgétisation ou des outils de planification de mariage pour surveiller les dépenses et apporter les ajustements nécessaires.

**Exemple :** Sarah et Michael utilisent une feuille de calcul Google partagée pour suivre leurs dépenses de mariage, en la mettant régulièrement à jour avec les coûts et les délais de paiement.

### 10.1.4 Épargne et financement

Commencez à épargner pour votre mariage le plus tôt possible afin d'accumuler les fonds nécessaires. Pensez à ouvrir un compte d'épargne spécial ou à mettre en place des virements automatiques pour économiser progressivement de l'argent pour les dépenses du mariage.

**Exemple :** Sarah et Michael ont ouvert un compte d'épargne de mariage distinct et versent une partie de leurs revenus chaque mois pour atteindre leur objectif d'épargne.

## 10.2 Budgétisation des dépenses d'éducation

L'éducation est un investissement important dans votre avenir, mais elle peut aussi être coûteuse. Planifier à l'avance et budgétiser les dépenses d'éducation peut aider les étudiants et les familles à gérer les coûts de l'enseignement supérieur.

### 10.2.1 Estimation des coûts

Renseignez-vous sur les frais de scolarité, les livres, le matériel et les frais de subsistance pour le programme que vous souhaitez poursuivre. Lorsque vous estimez les coûts futurs, tenez compte des éventuelles augmentations des frais de scolarité et de l'inflation.

**Exemple :** Emily, une lycéenne de New York, étudie le coût de la fréquentation de l'université de ses rêves, y compris les frais de scolarité, le logement et les repas, ainsi que d'autres dépenses, afin de créer un budget réaliste pour ses études universitaires.

### 10.2.2 Vérifier les options de soutien financier

Renseignez-vous sur les options d'aide financière, notamment les bourses, les subventions, les programmes d'études et de travail et les prêts étudiants, pour vous aider à financer vos études. Remplissez la demande gratuite d'aide fédérale aux étudiants (FAFSA) pour déterminer votre éligibilité aux programmes d'aide financière étatiques et fédéraux.

**Exemple :** John, un étudiant de Chicago, demande des bourses et des subventions pour couvrir les frais de scolarité et de subsistance afin de réduire le besoin de contracter des prêts étudiants.

### 10.2.3 Créer un régime d'épargne-études

Commencez tôt à épargner pour vos études universitaires en ouvrant un plan d'épargne-études 529 ou un autre compte d'épargne-études fiscalement avantageux. Contribuez régulièrement à votre fonds d'épargne universitaire pour constituer de l'argent pour vos futures dépenses d'études.

**Exemple :** Laura et David, parents de Denver, ouvrent un plan d'épargne-études 529 peu de temps après la naissance de leur fille et versent des cotisations régulières sur le compte pour la préparer à ses futures études.

### 10.2.4 Faire face à la dette d'études

Si vous devez contracter des prêts étudiants pour financer vos études, faites-le de manière responsable et réfléchissez aux conséquences à long terme de l'endettement étudiant. Si possible, choisissez les prêts étudiants fédéraux plutôt que les prêts privés et explorez les options de remboursement, d'annulation ou de refinancement du prêt.

**Exemple :** Sarah, récemment diplômée d'université de Los Angeles, explore des plans de remboursement axés sur le revenu et des programmes d'allégement de la dette pour gérer sa dette étudiante tout en poursuivant ses objectifs de carrière.

## 10.3 Budgétisation pour les propriétaires

L'achat d'une maison est une étape financière importante qui nécessite une planification et une budgétisation minutieuses. Qu'il s'agisse d'économiser pour un acompte ou de couvrir les frais de clôture, plusieurs dépenses doivent être prises en compte lors de l'achat d'une maison.

### 10.3.1 Épargner pour un dépôt

Commencez à épargner pour la mise de fonds sur une maison le plus tôt possible afin de constituer les fonds nécessaires. Essayez d'économiser au moins 20 % du prix d'achat de la maison pour éviter l'assurance hypothécaire privée (PMI) et obtenir un taux hypothécaire plus bas.

**Exemple :** Michael, un développeur de logiciels de Seattle, se fixe pour objectif d'économiser 50 000 $ pour un acompte de 20 % sur une maison de 250 000 $ au cours des cinq prochaines années en consacrant une partie de son revenu chaque mois déposé sur un compte d'épargne.

### 10.3.2 Budgétisation des frais de clôture

En plus d'un acompte, prévoyez les frais de clôture, qui se situent généralement entre 2 % et 5 % du prix d'achat de la maison. Les frais de clôture comprennent les frais de montage, l'évaluation, l'assurance titres, les frais de dépôt fiduciaire et d'autres services.

**Exemple :** Emily et John, un couple de Chicago, prévoient 10 000 $ pour les frais de clôture lors de l'achat de leur première maison et mettent de côté des fonds supplémentaires pour couvrir les dépenses imprévues.

### 10.3.3 Prise en compte des coûts liés à l'accession à la propriété

Lorsque vous établissez un budget pour votre maison, tenez également compte des coûts permanents de votre maison, comme les versements hypothécaires, les impôts fonciers, l'assurance habitation, l'entretien et les réparations. Créez un budget de logement mensuel pour vous assurer que vous pouvez supporter ces coûts en plus de votre versement hypothécaire.

**Exemple :** Sarah et Michael, propriétaires à Los Angeles, créent un budget de logement complet qui comprend les versements hypothécaires, les impôts fonciers, les primes d'assurance et une allocation mensuelle pour l'entretien et les réparations afin de garantir qu'ils peuvent payer leur maison à long terme.

### 10.3.4 Préparation à l'achat d'une maison

Avant de chercher une maison, obtenez une préapprobation hypothécaire afin de déterminer le montant que vous pouvez emprunter et de simplifier le processus d'achat d'une maison. Travaillez avec un agent immobilier et un prêteur hypothécaire pour trouver une maison correspondant à votre budget et obtenir un financement à des conditions avantageuses.

**Exemple :** Laura et David, qui achètent une première maison à Denver, reçoivent une pré-approbation hypothécaire avant d'assister aux visites et de faire des offres sur les maisons. Cela leur donne un avantage concurrentiel sur un marché immobilier hautement concurrentiel.

## 10.4 Planification budgétaire pour fonder une famille

Fonder une famille est un événement important dans la vie qui entraîne de nouvelles obligations financières. De la grossesse et de l'accouchement aux frais de garde d'enfants et d'éducation, il est important de prévoir dans un budget les frais liés à l'éducation des enfants.

### 10.4.1 Planification de la grossesse et des naissances

Budget pour les frais de grossesse et d'accouchement, y compris les soins prénatals, les frais médicaux, les cours d'accouchement et le congé de maternité. Pensez aux coûts de l'assurance maladie et aux dépenses personnelles associées à la grossesse et à l'accouchement.

**Exemple :** Emily et John, futurs parents de Chicago, établissent un budget pour les soins prénatals et les frais d'accouchement, y compris les examens de santé, les factures d'hôpital et les soins de suivi, afin d'assurer une transition en douceur vers la parentalité.

### 10.4.2 Budgétisation des frais de garde d'enfants

Lorsque vous planifiez un nouveau bébé ou l'agrandissement de la famille, tenez compte du coût des services de garde, y compris la garderie, la garderie préscolaire, la nounou ou la garde après l'école. Recherchez les options de garde d'enfants et les coûts associés dans votre région pour déterminer le montant que vous devrez prévoir dans le budget pour les frais de garde d'enfants.

**Exemple :** Sarah et Michael, nouveaux parents de Los Angeles, effectuent des recherches sur les garderies et les services de nounou dans leur région pour estimer le coût de la garde d'enfants de leur jeune fille. Ils créent un budget de garde d'enfants qui comprend les dépenses mensuelles de garde d'enfants et ajustent leur budget global pour tenir compte des coûts supplémentaires.

### 10.4.3 Planification des dépenses d'éducation

Commencez tôt à épargner pour les études de vos enfants en créant un plan d'épargne-études ou un autre compte d'épargne-études. Déposez régulièrement de l'argent sur le compte pour économiser de l'argent pour les dépenses éducatives futures telles que les frais de scolarité, les frais, les livres et les fournitures.

**Exemple :** Laura et David, parents de Denver, ouvrent un plan d'épargne études 529 pour chacun de leurs enfants peu de temps après la naissance. Ils cotisent régulièrement à leurs comptes et profitent des avantages fiscaux et de la croissance de leurs investissements pour épargner en vue des études futures de leurs enfants.

10.4.4 **Ajuster votre budget**

Révisez votre budget et ajustez-le pour tenir compte des dépenses supplémentaires associées à la fondation d'une famille. Identifiez les domaines dans lesquels vous pouvez économiser ou réaffecter des fonds pour couvrir de nouvelles priorités, telles que : B. Frais de garde d'enfants, d'éducation, de santé et de ménage.

**Exemple :** Emily et John, nouveaux parents de Chicago, examinent leur budget et identifient les dépenses qu'ils peuvent réduire ou éliminer afin de libérer de l'argent pour la garde d'enfants et d'autres dépenses liées à la famille. Ils priorisent leurs dépenses pour se concentrer sur ce qui est important et limiter les articles et activités non essentiels.

## 10.5 Budgétisation pour la retraite

La retraite est un événement important dans la vie qui nécessite une planification et une budgétisation minutieuses pour garantir la sécurité financière et l'indépendance pendant vos années d'or. Commencez tôt à planifier votre retraite et élaborez un plan de retraite complet pour atteindre vos objectifs de retraite.

### 10.5.1 Fixer des objectifs de retraite

Déterminez vos objectifs de retraite et vos préférences en matière de style de vie pour estimer combien vous devez épargner pour la retraite. Lorsque vous déterminez vos objectifs de retraite, tenez compte de facteurs tels que l'âge de la retraite, le style de vie souhaité à la retraite, les dépenses prévues, les coûts des soins de santé et l'inflation.

**Exemple :** Michael, un développeur de logiciels de Seattle, prévoit de prendre sa retraite à 65 ans et de maintenir son style de vie actuel. Il calcule ses dépenses de retraite, y compris le logement, les soins de santé, les déplacements et les loisirs, pour déterminer son objectif d'épargne-retraite.

## 10.5.2 Épargner pour la retraite

Commencez à épargner pour la retraite le plus tôt possible pour bénéficier des intérêts composés et maximiser votre épargne-retraite. Cotisez à des comptes de retraite tels que les 401(k), les IRA et les régimes de retraite parrainés par l'employeur pour constituer votre pécule de retraite au fil du temps.

**Exemple :** Sarah, responsable marketing à Los Angeles, participe au plan 401(k) de son employeur et verse une partie de ses revenus au plan à chaque période de paie. Elle ouvre également un IRA et verse des cotisations supplémentaires pour compléter son épargne-retraite.

## 10.5.3 Investir pour la retraite

Investissez judicieusement votre épargne-retraite pour obtenir une croissance et un revenu à long terme. Diversifiez votre portefeuille d'investissement entre différentes classes d'actifs telles que les actions, les obligations et l'immobilier pour gérer les risques et maximiser les rendements.

**Exemple :** Laura et David, un couple de Denver, consultent un conseiller financier pour élaborer une stratégie d'investissement pour leur retraite. Ils investissent dans un portefeuille diversifié de fonds communs de placement, de FNB et de comptes de retraite pour atteindre leurs objectifs financiers à long terme.

10.5.4 **Planification du revenu de retraite**

Estimez vos sources de revenus à la retraite, y compris les avantages sociaux, les pensions, les comptes de retraite et autres investissements. Élaborez un plan de revenu de retraite pour vous assurer que votre revenu est suffisant pour couvrir vos dépenses pendant la retraite.

**Exemple :** Emily, une retraitée de New York, calcule ses prestations de sécurité sociale et son revenu de retraite attendus, ainsi que les retraits de ses comptes de retraite, pour déterminer son revenu de retraite. Elle ajuste son budget et sa stratégie de placement pour assurer un style de vie confortable à la retraite.

La planification des événements importants de la vie est essentielle pour la sécurité financière et la réussite de votre parcours de vie. En planifiant à l'avance, en fixant des objectifs réalistes et en gérant judicieusement vos finances, vous pouvez franchir les étapes de la vie en toute confiance et tranquillité d'esprit.

N'oubliez pas de revoir et d'ajuster régulièrement votre budget pour vous adapter à l'évolution des priorités, des dépenses et des circonstances. Restez discipliné, restez concentré sur vos objectifs et gérez vos finances de manière proactive pour réaliser la vie que vous envisagez pour vous et vos proches.

Avec une planification minutieuse, une prise de décision prudente et une responsabilité financière, vous pouvez budgétiser efficacement les grands événements de votre vie et bâtir un avenir meilleur et plus prospère pour vous et votre famille. Commencez dès aujourd'hui et suivez la voie de l'indépendance financière et du succès.

# Chapitre 11 : Planification fiscale

La planification fiscale est un élément essentiel de la gestion financière et permet aux particuliers et aux entreprises de minimiser leurs obligations fiscales et de maximiser leur revenu après impôt. Dans ce chapitre, nous explorons l'importance de la planification fiscale, des stratégies de réduction d'impôt et des outils permettant d'optimiser l'efficacité fiscale.

## 11.1 Comprendre les assiettes fiscales

Avant de vous lancer dans les stratégies de planification fiscale, vous devez comprendre les bases de la fiscalité. Les taxes sont des paiements obligatoires prélevés par les gouvernements sur les particuliers et les entreprises pour financer les services et programmes publics.

11.1.1 **Types d'impôts**

Il existe différents types de taxes, notamment :

- **Impôts sur le revenu :** Impôts imposés aux particuliers et aux sociétés en fonction de leurs revenus.
- **Taxe de vente :** Taxes prélevées sur la vente de biens et de services.
- **Taxes foncières :** Taxes prélevées sur la valeur des biens immobiliers ou personnels.
- **Impôts sur les plus-values :** Impôts sur les bénéfices provenant de la vente d'actifs tels que des actions, des obligations ou des biens immobiliers.
- **Impôts sur les sociétés :** Impôts payés par les entreprises sur leurs bénéfices.
- **Taxes d'accise :** Taxes sur certains produits comme l'essence, l'alcool ou le tabac.

### 11.1.2 Déclaration fiscale et délais

Les particuliers et les entreprises doivent déposer leurs déclarations de revenus auprès des autorités fiscales compétentes, comme par exemple l'Internal Revenue Service (IRS) aux États-Unis, dans certains délais. Si vous ne produisez pas votre déclaration de revenus ou ne payez pas les impôts dus à temps, vous pourriez encourir des pénalités et des intérêts.

## 11.2 Importance de la planification fiscale

La planification fiscale est essentielle pour les particuliers et les entreprises pour plusieurs raisons :

### 11.2.1 **Minimiser l'impôt à payer**

Une planification fiscale efficace permet aux particuliers et aux entreprises d'identifier les déductions et crédits d'impôt légitimes, ainsi que les stratégies permettant de réduire légalement leur obligation fiscale.

### 11.2.2 **Maximiser le revenu après impôt**

En réduisant les impôts, les particuliers et les entreprises peuvent conserver une plus grande partie de leur revenu et de leur patrimoine, augmentant ainsi leur revenu et leur patrimoine après impôt.

### 11.2.3 Atteindre les objectifs financiers

La planification fiscale permet aux particuliers et aux entreprises d'aligner leurs décisions financières sur leurs objectifs à long terme, comme la planification de la retraite, la création de patrimoine et la planification successorale.

## 11.3 Stratégies de planification fiscale

Examinons maintenant quelques stratégies de planification fiscale que les particuliers et les entreprises peuvent mettre en œuvre pour optimiser leur efficacité fiscale.

### 11.3.1 Utiliser des comptes fiscalement avantageux

Maximisez les cotisations aux comptes de retraite fiscalement avantageux tels que les 401(k), les IRA et les comptes d'épargne santé (HSA) pour réduire le revenu imposable et faire croître les investissements en franchise d'impôt ou avec report d'impôt.

**Exemple :** John, un développeur de logiciels de Seattle, cotise chaque année le montant maximum autorisé à ses plans 401(k) et IRA pour réduire son revenu imposable et épargner pour la retraite.

## 11.3.2 Répertorier les déductions individuellement

Si vous avez des dépenses déductibles importantes, telles que des intérêts hypothécaires, des impôts fonciers, des dons et des frais médicaux, vous pourrez peut-être détailler vos déductions au lieu de bénéficier de la déduction standard.

**Exemple :** Sarah, responsable marketing à Los Angeles, détaille les intérêts hypothécaires, les impôts fonciers et les dons caritatifs dans sa déclaration de revenus, ce qui entraîne une baisse du revenu imposable.

### 11.3.3 Utiliser les crédits d'impôt

Profitez des crédits d'impôt disponibles tels que le crédit d'impôt sur le revenu gagné (EITC), le crédit d'impôt pour enfants et les crédits d'études pour réduire directement votre obligation fiscale.

**Exemple :** Laura et David, parents de Denver, demandent le crédit d'impôt pour enfants pour chacun de leurs enfants afin de réduire leur facture fiscale et d'augmenter leur revenu après impôt.

### 11.3.4 Récolte des pertes fiscales

Mettez en œuvre des stratégies de minimisation des pertes dans vos portefeuilles d'investissement pour compenser les impôts sur les plus-values en vendant des investissements déficitaires et en réalisant des pertes en capital.

**Exemple :** Emily, une investisseuse à New York, vend des actions à faible rendement de son portefeuille pour réaliser des pertes en capital qu'elle peut utiliser pour compenser les impôts sur les plus-values sur les investissements rentables.

11.3.5 **Régime de retraite**

Élaborez un plan de retraite complet qui prend en compte les implications fiscales des retraits du compte de retraite, des prestations de sécurité sociale et d'autres sources de revenus de retraite.

**Exemple :** Michael, un retraité de San Francisco, retire stratégiquement de l'argent de ses comptes de retraite pour minimiser les impôts et optimiser son revenu de retraite.

## 11.4 Outils de planification fiscale

Divers outils et ressources sont disponibles pour aider les particuliers et les entreprises dans leur planification fiscale :

11.4.1 **Logiciel de planification fiscale**

Utilisez des logiciels de planification fiscale pour calculer les impôts, déterminer les déductions et les crédits et optimiser les stratégies fiscales.

**Exemple :** Sarah, propriétaire d'une petite entreprise de Chicago, utilise un logiciel fiscal pour déclarer ses déclarations de revenus et maximiser les déductions, ce qui lui permet d'économiser du temps et de l'argent.

### 11.4.2 Professionnels de la fiscalité

Contactez des experts fiscaux, tels que des auditeurs ou des conseillers fiscaux, pour obtenir des conseils fiscaux individuels et une assistance avec des stratégies de planification fiscale complexes.

**Exemple :** John, un particulier fortuné de la ville de New York, travaille avec un conseiller fiscal pour développer une stratégie d'investissement et une planification successorale fiscalement avantageuses afin de minimiser les impôts et de préserver le patrimoine pour les générations futures.

11.4.3 **Ateliers et séminaires sur la planification fiscale**

Assistez à des ateliers, séminaires et webinaires de planification fiscale proposés par des institutions financières, des établissements d'enseignement et des associations professionnelles pour en savoir plus sur les stratégies d'économies d'impôt et rester au courant des modifications apportées aux lois fiscales.

**Exemple :** Laura et David, un couple de Boston, assistent à un séminaire de planification fiscale animé par leur conseiller financier pour en savoir plus sur les nouvelles lois fiscales et les moyens d'optimiser leur situation fiscale.

## 11.5 Planification fiscale pour les événements de la vie

La planification fiscale doit être intégrée à divers événements de la vie et décisions financières, notamment :

### 11.5.1 **Mariage et divorce**

Tenez compte des implications fiscales du mariage et du divorce, y compris les changements de statut fiscal, les paiements de pension alimentaire pour le conjoint et le partage des biens.

**Exemple :** Emily et Michael, un couple de jeunes mariés de San Francisco, consultent un conseiller fiscal pour comprendre comment leur état civil affecte leur obligation fiscale et pour optimiser leur stratégie de déclaration de revenus.

### 11.5.2 **Accès à la propriété**

Bénéficiez d'avantages fiscaux pour les propriétaires, tels que la déduction des intérêts hypothécaires, la déduction de l'impôt foncier et l'exonération de l'impôt sur les plus-values lors de la vente d'une résidence principale.

**Exemple :** Sarah et John, propriétaires à Los Angeles, utilisent les déductions fiscales pour les intérêts hypothécaires et les impôts fonciers afin de réduire leur revenu imposable et d'économiser sur les impôts.

11.5.3 **Parentalité**

Renseignez-vous sur les options d'économies d'impôt pour les parents, telles que les crédits d'impôt pour enfants, les crédits d'impôt pour personnes à charge et les allégements fiscaux liés à l'éducation.

**Exemple :** Laura et David, parents de Denver, maximisent les crédits d'impôt et les déductions pour les dépenses de leurs enfants, telles que les frais de garde d'enfants et d'éducation, afin de réduire leur facture fiscale.

### 11.5.4 Retraite

Planifiez des stratégies pour un revenu de retraite fiscalement avantageux, y compris le moment des retraits du compte de retraite, les stratégies de réclamation des prestations et la diversification fiscale de l'épargne-retraite.

**Exemple :** Michael et Emily, retraités de la ville de New York, coordonnent leurs sources de revenu de retraite pour minimiser les impôts et maximiser le revenu après impôt pendant la retraite.

La planification fiscale est un élément important de la gestion financière. Il permet aux particuliers et aux entreprises d'optimiser leur efficacité fiscale et de minimiser leurs obligations fiscales. En comprenant les principes de base de la fiscalité, en mettant en œuvre des stratégies de planification fiscale et en tirant parti des outils et des ressources, vous pouvez contrôler vos impôts et atteindre vos objectifs financiers.

N'oubliez pas de vous tenir au courant des changements dans les lois et réglementations fiscales, de consulter des conseillers fiscaux au besoin et d'intégrer la planification fiscale dans divers événements de la vie et décisions financières. Grâce à une planification minutieuse et à une gestion fiscale proactive, vous pouvez naviguer dans les complexités de la fiscalité et de votre

# Chapitre 12 : Assurance et protection

L'assurance joue un rôle essentiel dans la protection des individus, des familles et des entreprises contre les risques et incertitudes financiers. Dans ce chapitre, nous explorons l'importance de l'assurance, les types de couverture d'assurance, les facteurs à prendre en compte lors de la sélection des polices d'assurance et les stratégies pour maximiser la couverture tout en respectant votre budget.

## 12.1 Comprendre l'assurance

L'assurance est un contrat entre un particulier ou une entreprise (le preneur d'assurance) et une compagnie d'assurance par lequel l'assureur s'engage à fournir une protection financière contre certains risques en échange du paiement des primes. L'assurance permet aux particuliers et aux entreprises de transférer le risque financier d'événements imprévus à la compagnie d'assurance, leur offrant ainsi tranquillité d'esprit et sécurité financière.

12.1.1 **Importance de l'assurance**

L'assurance répond à plusieurs objectifs importants :

- **Gestion des risques :** L'assurance aide les particuliers et les entreprises à gérer les conséquences financières d'événements inattendus tels que des accidents, des maladies, des catastrophes naturelles ou des litiges.
- **Protection financière :** L'assurance fournit un filet de sécurité pour protéger les actifs, les revenus et les proches des difficultés financières en cas de perte ou de dommage.
- **Tranquillité d'esprit :** Savoir que vous disposez d'une couverture d'assurance peut vous apporter tranquillité d'esprit et confiance face aux incertitudes de la vie.

## 12.2 Types de couverture d'assurance

Il existe différents types de couverture d'assurance pour répondre à différents besoins et circonstances. Examinons quelques-uns des types d'assurance les plus courants :

### 12.2.1 Assurance maladie

L'assurance maladie couvre les frais médicaux encourus en raison d'une maladie, d'une blessure ou de soins préventifs. Les polices d'assurance maladie peuvent couvrir les visites chez le médecin, les séjours à l'hôpital, les médicaments sur ordonnance et d'autres services de soins de santé.

**Exemple :** Sarah, une travailleuse indépendante à New York, souscrit une assurance maladie via le Health Insurance Marketplace pour couvrir les frais médicaux d'elle-même et de sa famille.

### 12.2.2 Assurance vie

L'assurance vie offre une protection financière aux bénéficiaires en cas de décès. Les polices d'assurance-vie versent une prestation de décès aux bénéficiaires désignés qui peut être utilisée pour remplacer la perte de revenu, couvrir les dépenses finales, rembourser les dettes ou subvenir aux besoins financiers des proches.

**Exemple :** John, marié et père de deux enfants originaire de Chicago, souscrit une assurance vie temporaire pour assurer la sécurité financière de sa famille en cas de décès prématuré.

### 12.2.3 Assurance automobile

L'assurance automobile couvre les dommages ou blessures résultant d'un accident de voiture. Les polices d'assurance automobile comprennent généralement une assurance responsabilité civile, qui couvre les dommages causés à d'autres véhicules ou aux biens, ainsi qu'une assurance collision et une assurance tous risques, qui couvre les dommages causés à votre propre véhicule.

**Exemple :** Michael, un étudiant de Los Angeles, souscrit une assurance automobile pour se conformer aux lois de son État et se protéger contre les pertes financières en cas d'accident de voiture.

### 12.2.4 **Assurance immeuble/locataire**

L'assurance habitation couvre les dommages à votre maison et à vos effets personnels causés par des aléas tels que l'incendie, le vol, le vandalisme ou les catastrophes naturelles. L'assurance locataire offre une protection similaire aux locataires qui louent une propriété.

**Exemple :** Laura et David, propriétaires à Denver, souscrivent une assurance habitation pour protéger leur maison et leurs biens contre des événements imprévus tels qu'un incendie, un vol ou des dommages causés par la tempête.

### 12.2.5 **Assurance invalidité**

L'assurance invalidité remplace votre revenu si vous devenez incapable de travailler en raison d'une maladie ou d'une blessure. L'assurance invalidité professionnelle peut offrir une couverture d'assurance à court ou à long terme, selon la durée de l'invalidité professionnelle.

**Exemple :** Emily, une jeune professionnelle de San Francisco, souscrit une assurance invalidité pour protéger ses revenus au cas où elle ne serait plus en mesure de travailler en raison d'une blessure ou d'une maladie.

### 12.2.6 Assurance responsabilité civile

L'assurance responsabilité civile offre une protection contre les réclamations ou les poursuites alléguant une négligence ou une mauvaise conduite. L'assurance responsabilité civile peut couvrir les frais juridiques, les frais de justice et les dommages-intérêts accordés aux plaignants dans le cadre de poursuites.

**Exemple :** Sarah, propriétaire d'une petite entreprise à Boston, souscrit une assurance responsabilité civile pour protéger son entreprise de toute responsabilité résultant d'accidents, de blessures ou de dommages matériels.

## 12.3 Facteurs à prendre en compte lors de la sélection des polices d'assurance

Lorsque vous choisissez une police d'assurance, vous devez tenir compte de divers facteurs pour vous assurer de choisir la couverture adaptée à vos besoins et à votre budget. Voici quelques facteurs importants à considérer :

12.3.1 **Exigences en matière d'approvisionnement**

Évaluez vos besoins en assurance en fonction de votre situation financière, de votre style de vie et de votre tolérance au risque. Tenez compte de facteurs tels que votre santé, votre niveau de revenu, vos actifs, vos dettes et les personnes à votre charge lorsque vous déterminez le montant et le type de couverture d'assurance dont vous avez besoin.

**Exemple :** John, un revenu élevé de San Francisco, choisit un régime d'assurance maladie complet avec de faibles franchises et quotes-parts pour garantir l'accès à des soins de santé de qualité pour lui et sa famille.

### 12.3.2 Coûts des primes

Comparez les coûts des primes de différents assureurs pour trouver une couverture abordable qui correspond à votre budget. Lorsque vous évaluez le coût des primes, tenez compte de facteurs tels que les franchises, les quotes-parts, les limites de couverture et les quotes-parts.

**Exemple :** Laura et David, un jeune couple de Seattle, comparent les devis d'assurance habitation et choisissent une police avec des primes abordables et une couverture complète pour protéger leur maison et leurs biens.

### 12.3.3 Caractéristiques et avantages de la politique

Examinez attentivement les caractéristiques, les avantages et les exclusions de la police pour comprendre ce qui est couvert et ce qui n'est pas couvert par la police. Recherchez les garanties ou clauses supplémentaires qui peuvent améliorer votre couverture d'assurance, telles que : B. Programmes de bien-être, pardon des accidents ou options de couverture étendues.

**Exemple :** Emily, une voyageuse fréquente de Los Angeles, choisit une assurance voyage comprenant une couverture contre l'annulation de voyage, la perte de bagages et les frais médicaux d'urgence pour se protéger contre les événements imprévus lors d'un voyage à l'étranger.

### 12.3.4 Stabilité financière de l'assureur

Avant de souscrire une assurance, recherchez la stabilité financière et la réputation des compagnies d'assurance pour vous assurer qu'elles peuvent remplir leurs obligations et payer les sinistres rapidement. Vérifiez les notations des agences de notation indépendantes telles que AM Best, Standard & Poor's ou

Moody's pour évaluer la solidité financière et la solvabilité de l'assureur.

**Exemple :** Michael, un retraité de la ville de New York, choisit une compagnie d'assurance avec un bon crédit et une expérience éprouvée en matière de service client fiable pour acheter une rente comme revenu de retraite.

## 12.4 Stratégies pour maximiser la protection tout en respectant votre budget

Si l'assurance est essentielle à la protection financière, il est également important de gérer efficacement les coûts d'assurance afin de respecter votre budget. Voici quelques stratégies pour maximiser la protection tout en gardant les coûts d'assurance abordables :

12.4.1 **Politiques relatives aux offres groupées**

Regroupez plusieurs polices d'assurance, telles que l'assurance automobile et habitation, avec le même assureur pour bénéficier de réductions multi-polices et réduire les coûts globaux d'assurance.

**Exemple :** Sarah, propriétaire d'une maison et d'une voiture à Chicago, regroupe ses polices d'assurance habitation et automobile auprès du même assureur pour profiter de primes réduites et simplifier ses paiements d'assurance.

### 12.4.2 Augmentation de la franchise

Optez pour des franchises plus élevées sur les polices d'assurance afin de réduire le coût des primes. En prenant plus de risques grâce à des franchises plus élevées, vous pouvez réduire les primes d'assurance et économiser de l'argent sur les frais d'assurance au fil du temps.

**Exemple :** John, un résident de Boston en bonne santé, choisit une assurance maladie à franchise élevée et un compte d'épargne santé (HSA) pour réduire ses primes mensuelles et profiter d'avantages fiscaux pour les dépenses de santé.

### 12.4.3 Obtenir des offres

Comparez les devis d'assurance de plusieurs fournisseurs pour trouver les meilleures options d'assurance à des prix compétitifs. Ne vous contentez pas du premier devis que vous recevez – prenez le temps de rechercher et de comparer les tarifs de différents assureurs pour obtenir le meilleur rapport qualité-prix.

**Exemple :** Laura et David, un couple de Seattle, demandent des devis pour leur assurance habitation à plusieurs compagnies d'assurance et sélectionnent celle qui offre la couverture la moins chère avec une protection suffisante pour leur maison et leurs biens.

### 12.4.4 Maintenir un mode de vie sain

Un mode de vie sain peut contribuer à réduire les coûts d'assurance en réduisant le risque de maladie ou de blessure. De nombreux assureurs maladie offrent des réductions ou des incitations aux assurés qui participent à des programmes de santé ou adoptent un comportement sain.

**Exemple :** Emily, une passionnée de fitness de San Francisco, participe au programme de bien-être de son employeur pour bénéficier de réductions sur ses primes d'assurance maladie et économiser de l'argent sur les frais de santé.

## 12.4.5 Examiner et mettre à jour régulièrement la couverture

Révisez votre couverture d'assurance chaque année ou lorsque des changements importants surviennent dans votre vie pour vous assurer que vos polices répondent à vos besoins et à votre situation actuelle. Mettez à jour les limites de couverture, les bénéficiaires et les caractéristiques de la police si nécessaire pour maintenir une couverture adéquate et éviter de payer trop cher pour une couverture inutile.

**Exemple :** Michael, un retraité de la ville de New York, révise ses polices d'assurance-vie chaque année pour s'assurer que ses bénéficiaires sont à jour et que ses niveaux de couverture répondent à ses objectifs et obligations financiers.

L'assurance est un élément important de la planification financière et offre une protection essentielle contre les événements inattendus et les risques financiers. Comprendre l'importance de l'assurance, choisir la couverture adaptée à vos besoins et mettre en œuvre des stratégies pour gérer efficacement les coûts d'assurance peuvent vous aider à assurer votre avenir financier et à assurer votre tranquillité d'esprit.

N'oubliez pas d'évaluer régulièrement vos besoins en assurance, de rechercher des tarifs abordables et de profiter des rabais et des incitatifs offerts par les assureurs. Grâce à une planification minutieuse et à une gestion proactive des risques, vous pouvez bâtir une base solide pour votre sécurité financière et vous protéger ainsi que vos proches contre les incertitudes de la vie.

# Chapitre 13 : Budgétisation familiale

La gestion financière devient encore plus importante lorsque vous avez une famille à charge. Dans ce chapitre, nous explorerons les défis et opportunités uniques de la budgétisation familiale, notamment la définition d'objectifs financiers, l'allocation des ressources, la gestion des dépenses et l'enseignement des compétences de gestion financière aux enfants.

## 13.1 Importance de la budgétisation familiale

Créer un budget familial est important pour plusieurs raisons :

13.1.1 **Stabilité financière**

Un budget familial bien planifié assure la stabilité financière et garantit qu'il y a suffisamment d'argent pour couvrir les dépenses essentielles et épargner pour les objectifs futurs.

13.1.2 **Atteinte des objectifs**

La budgétisation permet aux familles de prioriser leurs objectifs financiers (qu'il s'agisse d'acheter une maison, d'épargner pour l'université ou d'épargner pour la retraite) et de travailler systématiquement pour atteindre ces objectifs.

### 13.1.3 Communiquer la responsabilité financière

En créant un budget, vous pouvez enseigner aux enfants la gestion de l'argent et leur inculquer des connaissances et des habitudes financières précieuses dès leur plus jeune âge.

## 13.2 Fixez-vous des objectifs financiers en famille

La première étape de la budgétisation d'une famille consiste à fixer des objectifs financiers clairs qui correspondent aux valeurs et aux priorités de votre famille.

### 13.2.1 Objectifs à court terme

Les objectifs à court terme peuvent inclure la constitution d'un fonds d'urgence, le remboursement de dettes ou l'épargne pour des vacances en famille. Fixez-vous des objectifs et des délais réalisables pour suivre efficacement les progrès.

**Exemple :** La famille Smith de Chicago se fixe comme objectif à court terme d'économiser 1 000 $ dans son fonds d'urgence dans un délai de six mois pour couvrir les dépenses imprévues.

13.2.2 **Objectifs à long terme**

Les objectifs à long terme peuvent inclure l'achat d'une maison, le financement des études des enfants ou l'épargne pour la retraite. Divisez les objectifs à long terme en étapes plus petites et créez un plan pour les atteindre au fil du temps.

**Exemple :** La famille Johnson de Los Angeles souhaite économiser 100 000 $ pour les études universitaires de ses enfants en cotisant régulièrement à un plan d'épargne-études 529 pour les 15 prochaines années.

13.2.3 **Objectifs communs**

Impliquez tous les membres de la famille dans le processus de définition d'objectifs pour promouvoir un sentiment d'appartenance et de travail d'équipe. Discutez des objectifs et des priorités partagés, tels que : Par exemple, des vacances en famille, des projets de rénovation domiciliaire ou des dons de bienfaisance.

**Exemple :** La famille Garcia de Miami organise une réunion de famille pour discuter de leur objectif commun de voyager en Europe l'été prochain. Ils réfléchissent à des idées sur la façon d'économiser de l'argent et de réduire les coûts afin que chacun puisse se permettre le voyage.

## 13.3 Répartir les ressources de manière judicieuse

Une fois que vous avez déterminé les objectifs financiers de votre famille, il est important d'allouer judicieusement les ressources pour les atteindre.

### 13.3.1 Répartition des revenus

Répartissez stratégiquement le revenu de votre famille pour couvrir les dépenses nécessaires, épargner pour l'avenir et profiter de dépenses discrétionnaires. Donnez la priorité aux besoins plutôt qu'aux désirs et ajustez les dépenses si nécessaire pour rester selon vos moyens.

**Exemple :** La famille Patel de New York dépense 50 % de son revenu mensuel en dépenses fixes telles que les hypothèques, les services publics et l'épicerie, 30 % en épargne et investissements, et 20 % en dépenses discrétionnaires telles que les divertissements et les repas. dehors.

### 13.3.2 Fonds d'urgence

Créez un fonds d'urgence pour couvrir les dépenses imprévues telles que les frais médicaux, les réparations automobiles ou la perte d'emploi. Essayez d'économiser trois à six mois de frais de subsistance sur un compte d'épargne facilement accessible.

**Exemple :** La famille Thompson de Seattle réserve 500 $ chaque mois pour les urgences jusqu'à ce qu'elle atteigne son objectif d'économiser six mois de dépenses.

### 13.3.3 Remboursement de la dette

Donnez la priorité au remboursement de vos dettes pour réduire les frais d'intérêt et améliorer la santé financière de votre famille. Allouez des fonds supplémentaires au remboursement des dettes à intérêt élevé, telles que les cartes de crédit ou les prêts personnels, tout en effectuant des paiements minimaux sur les autres dettes.

**Exemple :** La famille Lee de San Francisco utilise la méthode boule de neige pour rembourser ses dettes de carte de crédit. Ils se concentrent d'abord sur le remboursement du plus petit montant tout en effectuant des paiements minimaux sur les dettes plus importantes, puis en reportant les paiements sur la dette suivante une fois qu'elle est remboursée.

## 13.4 Gérer les dépenses familiales

Afin de respecter votre budget et d'atteindre vos objectifs financiers, il est crucial de gérer efficacement les dépenses familiales.

13.4.1 **Suivi des dépenses**

Surveillez régulièrement les dépenses de votre famille pour identifier les domaines dans lesquels vous pouvez économiser ou réaffecter de l'argent. Utilisez des applications de budgétisation ou des feuilles de calcul pour suivre les dépenses et classer les dépenses par type.

**Exemple :** La famille Wong de Houston utilise une application de budgétisation pour suivre ses dépenses dans diverses catégories telles que l'épicerie, les restaurants, les divertissements et les vêtements. Ils examinent leurs dépenses mensuellement pour identifier les domaines à améliorer.

### 13.4.2 Planification des repas et courses à l'épicerie

Planifiez vos repas et dressez une liste de courses pour éviter les achats impulsifs et minimiser le gaspillage alimentaire. Achetez des articles en gros, utilisez des coupons et comparez les prix pour économiser de l'argent sur vos courses.

**Exemple :** La famille Rodriguez de Dallas planifie ses repas pour la semaine à venir et crée une liste de courses basée sur son menu. Ils achètent des produits de première nécessité en gros auprès de clubs de vente en gros et utilisent des coupons numériques pour économiser de l'argent sur leurs courses.

### 13.4.3 Efficacité énergétique

Économisez de l'argent sur les coûts des services publics en prenant des mesures économes en énergie, telles que : Par exemple, éteignez les lumières lorsque vous n'en avez pas besoin, utilisez des thermostats programmables et coupez les courants d'air sur les fenêtres et les portes.

**Exemple :** La famille Nguyen d'Atlanta installe des ampoules LED dans toute sa maison, règle son thermostat selon un programme programmable et protège ses fenêtres contre les intempéries pour réduire les coûts énergétiques et économiser de l'argent sur les services publics.

## 13.5 Apprenez aux enfants à gérer l'argent

Apprendre aux enfants à gérer leur argent est un aspect essentiel de la planification du budget familial et les prépare à l'indépendance financière et à la responsabilité à l'avenir.

13.5.1 **Allocations et budgétisation**

Donnez de l'argent de poche à vos enfants et encouragez-les à gérer leur argent et à le gérer judicieusement. Apprenez-leur l'importance d'épargner, de dépenser et de donner en divisant leur argent de poche en différentes catégories.

**Exemple :** La famille Kim de San Diego donne chaque semaine de l'argent de poche à ses enfants et les encourage à le diviser en poches pour dépenser, épargner et donner. Ils discutent des décisions financières avec leurs enfants et leur montrent comment répartir leur argent de manière responsable.

### 13.5.2 Littératie financière

Enseignez aux enfants les concepts financiers de base tels que gagner de l'argent, épargner, établir un budget et investir. Utilisez des ressources adaptées à l'âge comme des livres, des jeux et des exemples concrets pour rendre l'apprentissage de l'argent amusant et passionnant.

**Exemple :** La famille Martinez de Phoenix intègre l'éducation financière au programme scolaire de ses enfants. Ils utilisent des jeux éducatifs, des ressources en ligne et des expériences du monde réel comme faire les courses et établir un budget pour enseigner à leurs enfants la gestion de l'argent.

### 13.5.3 Montrer l'exemple

Soyez un modèle positif pour vos enfants en leur apprenant un comportement responsable et une attitude responsable envers les finances. Impliquez-les dans les discussions financières familiales et dans la prise de décision pour les aider à comprendre la valeur de l'argent et l'importance de la budgétisation.

**Exemple :** La famille Thompson de Denver inclut ses enfants dans les discussions budgétaires et les processus décisionnels de la famille. Ils expliquent les concepts financiers en termes simples et donnent l'exemple en pratiquant l'épargne, l'épargne et les dons de bienfaisance.

La budgétisation familiale nécessite une planification minutieuse, une communication ouverte et un engagement partagé envers les objectifs financiers. En fixant des objectifs clairs, en allouant judicieusement les ressources, en gérant efficacement les dépenses et en enseignant aux enfants la gestion de l'argent, les familles peuvent créer une base solide pour la sécurité financière et la réussite.

## Chapitre 14 : Conseils pour vivre avec parcimonie

La vie frugale est un choix de vie qui vise à maximiser la valeur et à minimiser les coûts. Dans ce chapitre, nous explorerons une série de conseils et de stratégies pour une vie frugale qui peuvent aider les individus et les familles à économiser de l'argent, à réduire les déchets et à atteindre leurs objectifs financiers.

## 14.1 Comprendre la vie frugale

Vivre avec parcimonie, c'est faire des choix conscients pour donner la priorité à la valeur plutôt qu'à la consommation. Il s'agit d'être conscient de la façon dont vous dépensez votre argent, d'éviter les dépenses inutiles et de trouver des moyens créatifs d'utiliser davantage les ressources.

### 14.1.1 La philosophie de la frugalité

À la base, la frugalité consiste à vivre selon ses moyens, à donner la priorité aux besoins plutôt qu'aux désirs et à encourager la simplicité et l'ingéniosité dans la vie quotidienne. Il ne s'agit pas de privation ou de sacrifice, mais plutôt de faire des choix conscients qui correspondent à vos valeurs et à vos objectifs à long terme.

### 14.1.2 Avantages de vivre avec parcimonie

Il y a plusieurs avantages à vivre avec parcimonie, notamment :
- **Liberté financière :** En réduisant leurs dépenses et en économisant de l'argent, les individus économes peuvent atteindre l'indépendance financière et poursuivre leurs passions et leurs intérêts.
- **Moins de stress :** Vivre en dessous de vos moyens peut atténuer le stress financier et vous apporter une tranquillité d'esprit en sachant que vous disposez d'un coussin pour les dépenses imprévues.
- **Durabilité écologique :** Vivre avec parcimonie s'accompagne souvent de pratiques respectueuses de l'environnement telles que le minimalisme, le recyclage et les économies d'énergie, réduisant ainsi l'impact environnemental et promouvant la durabilité.

## 14.2 Conseils pratiques pour une vie frugale

Examinons quelques conseils pratiques et stratégies pour intégrer la frugalité dans divers aspects de la vie quotidienne :

### 14.2.1 **Budgétisation et planification**

1. **Créez un budget :** Créez un budget qui décrit vos objectifs de revenus, de dépenses et d'épargne. Suivez régulièrement vos dépenses pour rester au courant et identifier les domaines qui peuvent être améliorés.

2. **Planifier vos repas :** Planifier vos repas peut vous faire économiser de l'argent sur vos courses en réduisant le gaspillage alimentaire et en évitant les achats impulsifs. Planifiez vos repas pour la semaine à venir, dressez une liste de courses et respectez-la lors de vos courses.

3. **Utilisez des enveloppes de trésorerie :** Allouez de l'argent à différentes catégories de dépenses telles que l'épicerie, les restaurants et les divertissements, et utilisez des enveloppes de

trésorerie pour limiter les dépenses et respecter le budget.

## 14.2.2 Économisez de l'argent sur les choses les plus importantes

4. **Achetez des génériques :** Optez pour des génériques ou des marques de commerce plutôt que des produits de marque pour économiser de l'argent sur l'épicerie, les articles ménagers et les produits de soins personnels. Dans de nombreux cas, les génériques offrent une qualité similaire à un prix inférieur.

5. **Aubaines et réductions sur les magasins :** Profitez d'offres spéciales, de promotions et de réductions pour économiser de l'argent sur les vêtements, les appareils électroniques et autres produits essentiels. Recherchez des coupons, des offres en ligne et des articles en liquidation pour en avoir encore plus pour votre argent.

6. **Négocier les factures :** Négociez avec des fournisseurs de services tels que les compagnies

de câble, d'Internet et d'assurance pour réduire vos factures mensuelles. Renseignez-vous sur les réductions, regroupez des services ou passez à un fournisseur moins cher pour économiser de l'argent sur les dépenses récurrentes.

### 14.2.3 Réduire les coûts

7. **Annulez les abonnements inutiles :** Examinez régulièrement vos abonnements et adhésions et annulez ceux dont vous n'utilisez plus ou n'avez plus besoin. Ceux-ci incluent des services de streaming, des abonnements à des salles de sport et des abonnements à des magazines.

8. **Réduisez votre espace de vie :** Envisagez de déménager dans une maison ou un appartement plus petit pour réduire les coûts de logement, les services publics et les coûts d'entretien. Évaluez vos besoins en espace et privilégiez l'abordabilité et la simplicité.

9. **Projets de bricolage :** Dans la mesure du possible, utilisez des projets de bricolage pour les réparations, l'entretien et les mises à niveau. L'apprentissage des compétences de base en bricolage peut vous faire économiser sur les coûts de main-d'œuvre et vous permettre d'effectuer les tâches ménagères de manière indépendante.

### 14.2.4 Consommation consciente

10. **Pratiquez le minimalisme :** Adoptez un état d'esprit minimaliste en désencombrant votre maison, en donnant la priorité aux expériences plutôt qu'aux biens et en étant attentif lorsque vous magasinez. Concentrez-vous sur la qualité plutôt que sur la quantité et évitez les achats impulsifs.

11. **Emprunter ou partager des articles :** Au lieu d'acheter de nouveaux articles, envisagez de les emprunter ou de les partager avec vos amis, votre famille ou vos voisins. Cela comprend les

outils, les livres, le matériel de cuisine et le matériel de loisirs.

12. **Réutilisation et recyclage :** Obtenez des objets créatifs et réutilisez-les pour leur donner une nouvelle vie et économiser de l'argent. Fabriquez des chiffons ou des courtepointes à partir de vieux vêtements, réutilisez des meubles et trouvez des façons innovantes de réutiliser des articles ménagers.

## 14.3 Vie frugale et famille

Un mode de vie frugal peut être particulièrement bénéfique pour les familles, en les aidant à économiser de l'argent, à enseigner aux enfants la responsabilité financière et à développer un sentiment de gratitude et d'ingéniosité.

14.3.1 **Activités familiales à petit budget**

13. **Explorez la nature :** Profitez d'activités de plein air gratuites ou à faible coût telles que la randonnée, les pique-niques et les promenades

dans la nature. Visitez les parcs, les plages et les sentiers locaux pour vous amuser en famille sans vous ruiner.

14. **Artisanat et projets de bricolage :** Planifiez des projets de bricolage et d'artisanat en famille en utilisant des matériaux que vous avez déjà à la maison. Faites preuve de créativité avec des projets d'art et d'artisanat, de jardinage et de bricolage dont toute la famille peut profiter ensemble.

15. **Soirées de jeux :** Organisez régulièrement des soirées de jeux à la maison avec des jeux de société, des jeux de cartes et des puzzles. Modifiez la sélection de jeux, préparez des collations maison et profitez de moments de qualité ensemble sans dépenser d'argent en divertissements coûteux.

14.3.2 **Apprenez aux enfants à gérer l'argent**

16. **Donnez de l'argent de poche :** Donnez de l'argent de poche aux enfants et encouragez-

les à épargner pour les choses qu'ils veulent. Utilisez l'argent de poche comme outil pédagogique pour enseigner de précieuses compétences en gestion financière et développer un sentiment de responsabilité financière.

17. **Faites participer vos enfants aux achats :** Lorsque vous faites vos courses ou faites vos courses, emmenez vos enfants avec vous et incluez-les dans le processus de prise de décision. Apprenez-leur à comparer les prix, à utiliser les coupons et à prendre des décisions d'achat judicieuses.

18. **Donner l'exemple :** Soyez un modèle positif pour vos enfants en modélisant des habitudes et des attitudes frugales. Montrez-leur comment faire passer leurs besoins avant leurs désirs, économiser de l'argent et prendre des décisions financières réfléchies.

## 14.4 Cultiver un état d'esprit frugal

Vivre avec parcimonie ne consiste pas seulement à réduire les coûts, il s'agit également de cultiver un état d'esprit de pleine conscience, de gratitude et d'ingéniosité dans tous les aspects de la vie.

### 14.4.1 Pratiquer la gratitude

19. **Journal de gratitude :** Tenez un journal de gratitude et notez chaque jour les choses pour lesquelles vous êtes reconnaissant. Développez une attitude de gratitude et d'appréciation pour les choses que vous avez plutôt que de vous concentrer sur ce qui vous manque.

20. **Célébrez les joies simples :** Trouvez la joie dans les plaisirs simples et les moments quotidiens plutôt que de rechercher le bonheur dans les possessions matérielles. Passez du temps avec vos proches, profitez de la nature et soyez heureux des petites choses de la vie.

### 14.4.2 Faire preuve d'ingéniosité

21. **Apprenez de nouvelles compétences :** Développez de nouvelles compétences et de nouveaux passe-temps qui vous permettent d'être plus indépendant et plus ingénieux. Qu'il s'agisse de jardinage, de cuisine ou de bricolage, l'apprentissage de nouvelles compétences peut vous faire économiser de l'argent et enrichir votre vie.

22. **Partage et troc :** Participez aux économies de partage et aux réseaux de troc pour échanger des biens et des services avec d'autres. Partagez des outils, des compétences et des ressources avec votre communauté pour établir des relations solides et économiser de l'argent.

Une vie frugale est un état d'esprit et un style de vie qui peuvent conduire à une plus grande liberté financière, à un plus grand épanouissement et à une plus grande paix intérieure. En dépensant consciemment, en réduisant le gaspillage et en cultivant la gratitude et l'ingéniosité, les individus et les familles peuvent atteindre leurs objectifs financiers et vivre de manière plus consciente.

# Chapitre 15 : Utiliser la technologie pour budgétiser

À l'ère numérique d'aujourd'hui, la technologie fournit des outils et des ressources puissants pour aider les individus et les familles à gérer leurs finances plus efficacement. Des applications de budgétisation aux plateformes bancaires en ligne, il existe d'innombrables façons d'utiliser la technologie pour rationaliser les processus budgétaires, suivre les dépenses et atteindre les objectifs financiers. Dans ce chapitre, nous explorons les différentes façons dont la technologie peut être utilisée pour améliorer les pratiques budgétaires et promouvoir le bien-être financier.

## 15.1 Le rôle de la technologie dans la budgétisation

La technologie joue un rôle important dans la budgétisation moderne en fournissant des solutions pratiques pour suivre les dépenses, fixer des objectifs financiers et gérer l'argent plus efficacement. En exploitant la puissance de la technologie, les individus peuvent mieux comprendre leurs habitudes de dépenses, identifier les domaines à améliorer et prendre des décisions financières éclairées.

15.1.1 **Accessibilité et commodité**

L'un des principaux avantages de la technologie en matière de budgétisation est son accessibilité et sa facilité d'utilisation. Avec l'utilisation généralisée des smartphones, des tablettes et des ordinateurs, les particuliers ont un accès instantané aux outils de planification budgétaire et aux informations financières, où qu'ils se trouvent. Cette accessibilité permet un suivi en temps réel des dépenses et une prise de décision rapide basée sur des données financières à jour.

15.1.2 **Automatisation et intégration**

La technologie permet l'automatisation et l'intégration des processus financiers, facilitant ainsi une gestion efficace de l'argent. Les paiements automatisés de factures, les virements électroniques et la catégorisation des dépenses rationalisent les tâches de budgétisation et réduisent le risque d'erreurs ou d'oublis. L'intégration avec les comptes bancaires, les cartes de crédit et les comptes d'investissement offre une vue complète des transactions et des soldes financiers sur une plateforme centralisée.

15.1.3 **Analyse des données et informations**

Les capacités avancées d'analyse et de reporting des applications de budgétisation et des logiciels financiers fournissent des informations précieuses sur les modèles de dépenses, les tendances et les opportunités d'économies. En analysant les données historiques et en créant des rapports personnalisés, les individus peuvent identifier les domaines de dépenses excessives, suivre les progrès vers les objectifs financiers et prendre des décisions basées sur les données pour optimiser leurs budgets.

## 15.2 Types d'outils et d'applications de budgétisation

Il existe une large gamme d'outils et d'applications de budgétisation adaptés à différents préférences, besoins et modes de vie. Que vous préfériez une simple feuille de calcul budgétaire ou une application de gestion financière sophistiquée, il existe une solution pour vous aider à garder le contrôle de vos finances. Examinons quelques types populaires d'outils et d'applications de budgétisation :

### 15.2.1 Applications de finances personnelles

Les applications de finances personnelles offrent des fonctionnalités complètes pour gérer tous les aspects de vos finances en un seul endroit. Ces applications incluent généralement des outils de budgétisation, de suivi des dépenses, de gestion des factures, de définition d'objectifs et de suivi des investissements. Des exemples d'applications de finances personnelles populaires incluent Mint, Personal Capital et YNAB (You Need a Budget).

### 15.2.2 Tableaux budgétaires

Les feuilles de calcul budgétaires offrent un moyen simple mais efficace de suivre les objectifs de revenus, de dépenses et d'épargne à l'aide d'un modèle de feuille de calcul personnalisable. Ces modèles peuvent être personnalisés en fonction des préférences individuelles et des objectifs financiers, permettant ainsi la flexibilité et le contrôle des processus budgétaires. Google Sheets et Microsoft Excel proposent des modèles de budgétisation gratuits qui peuvent être facilement personnalisés en fonction de vos besoins.

### 15.2.3 Applications de suivi des dépenses

Les applications de suivi des dépenses se concentrent spécifiquement sur le suivi et la catégorisation des dépenses afin de fournir des informations sur les habitudes et les modèles de dépenses. Ces applications disposent souvent d'interfaces intuitives, de catégories personnalisables et de fonctionnalités de numérisation de reçus pour rationaliser le processus de suivi des dépenses. Des exemples d'applications de suivi des dépenses populaires incluent Expensify, Receipts by Wave et Shoeboxed.

### 15.2.4 Applications bancaires et d'investissement

De nombreuses banques et sociétés d'investissement proposent des applications mobiles qui aident les clients à gérer leurs comptes, à suivre les transactions et à surveiller les investissements en déplacement. Ces applications incluent souvent des outils de budgétisation, d'analyse des dépenses et des fonctionnalités de suivi des objectifs pour aider les utilisateurs à rester maîtres de leurs finances. Des exemples d'applications bancaires et d'investissement incluent Bank of America, Chase Mobile et Robinhood.

## 15.3 Bonnes pratiques d'utilisation de la technologie de budgétisation

Bien que la technologie de budgétisation offre de nombreux avantages, il est important d'utiliser ces outils efficacement pour maximiser leur impact sur votre bien-être financier. Voici quelques bonnes pratiques pour utiliser la technologie de budgétisation :

### 15.3.1 Choisir le bon outil

Prenez le temps de rechercher et d'évaluer différents outils et applications de budgétisation pour trouver celui qui correspond le mieux à vos besoins et préférences. Tenez compte de facteurs tels que les fonctionnalités, la facilité d'utilisation, la compatibilité avec vos appareils et le coût avant de prendre une décision.

### 15.3.2 Configurez votre budget

Une fois que vous avez choisi un outil ou une application de budgétisation, prenez le temps d'établir votre budget en fonction de vos objectifs financiers, de vos revenus et de vos dépenses. Personnalisez les catégories budgétaires, fixez des limites de dépenses et fixez des objectifs d'économies pour aligner votre budget sur vos priorités et vos objectifs.

### 15.3.3 Suivez vos dépenses

Suivez vos dépenses de manière cohérente à l'aide de l'outil ou de l'application de budgétisation pour rester au courant de vos transactions et de votre comportement financiers. Classez les dépenses avec précision, examinez-les régulièrement et effectuez les ajustements nécessaires pour respecter votre budget et atteindre vos objectifs financiers.

### 15.3.4 Utiliser les fonctions d'automatisation

Utilisez les fonctionnalités d'automatisation des outils et applications de budgétisation pour simplifier les tâches de budgétisation et réduire les efforts manuels. Configurez des paiements automatiques de factures, des virements récurrents et des alertes pour garantir des paiements à temps et une gestion proactive de vos finances.

### 15.3.5 Surveillez vos progrès

Surveillez régulièrement vos progrès vers vos objectifs financiers à l'aide des fonctionnalités de reporting et d'analyse de votre outil ou application de budgétisation. Examinez les tendances en matière de dépenses, suivez la croissance de l'épargne et célébrez les étapes importantes pour rester motivé et respecter votre budget.

## 15.4 Surmonter les défis et les pièges

Même si la technologie de budgétisation peut être incroyablement utile, il est important d'être conscient des défis et des pièges potentiels qui peuvent survenir :

### 15.4.1 Risques liés à la sécurité des données

Assurez-vous que l'outil ou l'application de budgétisation que vous choisissez donne la priorité à la sécurité des données et utilise des mesures de cryptage et d'authentification robustes pour protéger vos informations financières sensibles contre les accès non autorisés ou les violations.

### 15.4.2 Dépendance excessive à l'égard de la technologie

Évitez de trop vous fier à la technologie de budgétisation et de négliger la surveillance et le contrôle manuels de vos finances. N'oubliez pas que la technologie est un outil pour vous aider à établir votre budget et ne remplace pas une gestion financière active.

### 15.4.3 Lassitude des abonnements

Méfiez-vous des outils et applications de budgétisation par abonnement qui nécessitent des paiements continus pour accéder à des fonctionnalités ou des services premium. Évaluez le rapport coût-bénéfice et déterminez si les avantages justifient la dépense récurrente avant de vous engager dans un abonnement.

### 15.4.4 Saisie de données inexactes

Saisissez vos informations financières avec soin et cohérence pour garantir la fiabilité et l'intégrité de vos informations budgétaires. Vérifiez vos entrées, rapprochez régulièrement vos comptes et résolvez rapidement tout écart pour garantir l'exactitude de vos enregistrements budgétaires.

## 15.5 L'avenir de la technologie de budgétisation

À mesure que la technologie évolue, le paysage des outils et applications de budgétisation évoluera également. De l'intelligence artificielle et de l'apprentissage automatique à l'intégration de la blockchain et des crypto-monnaies, l'avenir de la technologie budgétaire offre des opportunités passionnantes pour améliorer la gestion financière et permettre aux individus d'atteindre leurs objectifs financiers plus facilement et plus efficacement.

La technologie a révolutionné la façon dont nous gérons nos finances. Il propose des solutions et des ressources innovantes pour nous aider à budgétiser plus efficacement, à suivre les dépenses avec plus de précision et à atteindre nos objectifs financiers plus efficacement. En adoptant la technologie de budgétisation et en adoptant les meilleures pratiques pour son utilisation, les individus et les familles peuvent prendre le contrôle de leurs finances, prendre des décisions éclairées et bâtir un meilleur avenir financier pour eux-mêmes et leurs proches.

## Chapitre 16 : Surmonter les défis financiers

Sur le chemin de la stabilité financière et de la réussite, les individus et les familles sont souvent confrontés à divers défis qui peuvent entraver leur progression. Des dettes aux dépenses imprévues en passant par les ralentissements économiques et les revers personnels, surmonter les défis financiers nécessite de la résilience, de l'ingéniosité et une planification stratégique. Dans ce chapitre, nous examinons les défis financiers courants auxquels de nombreuses personnes sont confrontées et proposons des stratégies pratiques pour les surmonter.

## 16.1 Comprendre les défis financiers

Les difficultés financières peuvent prendre de nombreuses formes et affecter les individus et les familles de tous horizons et de tous niveaux de revenus. Ces défis peuvent être des revers temporaires ou des obstacles à long terme qui nécessitent des efforts soutenus pour être surmontés. En comprenant la nature des défis financiers et leurs causes sous-jacentes, les individus peuvent élaborer des stratégies efficaces pour les résoudre et atteindre la stabilité financière.

16.1.1 **Types de défis financiers**

1. **Dette :** Une dette excessive, y compris les dettes de carte de crédit, les prêts étudiants et les frais médicaux, peut peser lourdement sur les individus et les familles, rendant difficile l'atteinte des objectifs financiers et le maintien de finances saines.

2. **Chômage :** La perte d'emploi ou le sous-emploi peut entraîner des interruptions de revenus et une instabilité financière. Il est donc difficile de couvrir les frais de subsistance de base et d'épargner pour l'avenir.

3. **Dépenses inattendues :** Des urgences telles que des urgences médicales, des réparations domiciliaires ou des accidents de voiture peuvent survenir de manière inattendue et obliger les individus à puiser dans leurs économies ou à s'endetter pour couvrir les coûts.

4. **Mauvaises habitudes financières :** De mauvaises compétences en matière de budgétisation, des dépenses excessives et des achats impulsifs peuvent contribuer à des

problèmes financiers et conduire à l'accumulation de dettes et à une épargne insuffisante.

5. **Facteurs économiques :** Les ralentissements économiques, l'inflation et l'évolution des conditions du marché peuvent avoir un impact sur la situation financière des individus, affectant la sécurité de l'emploi, le retour sur investissement et la stabilité économique globale.

### 16.1.2 Impact des défis financiers

Les difficultés financières peuvent avoir des conséquences considérables qui vont au-delà du simple stress financier. Ils peuvent affecter le bien-être mental et émotionnel d'une personne, mettre à rude épreuve les relations et limiter les possibilités de développement personnel et professionnel. Relever les défis financiers nécessite une approche holistique qui prend en compte à la fois les facteurs financiers et non financiers.

## 16.2 Stratégies pour surmonter les défis financiers

Pour surmonter les défis financiers, il faut des mesures proactives et une volonté de prendre des décisions difficiles dans la recherche de la stabilité et du succès financiers. En mettant en œuvre des stratégies efficaces et en recherchant du soutien en cas de besoin, les individus peuvent surmonter les obstacles et bâtir un meilleur avenir financier pour eux-mêmes et leur famille.

### 16.2.1 Créez un budget et respectez-le

La création d'un budget constitue le fondement de la stabilité financière et constitue un guide pour la gestion des revenus, des dépenses et des objectifs d'épargne. Commencez par identifier vos sources de revenus et suivez vos dépenses pour comprendre où va votre argent. Ensuite, allouez des fonds aux dépenses essentielles, au remboursement de la dette et à l'épargne, en donnant la priorité aux besoins plutôt qu'aux désirs. Révisez régulièrement votre budget et ajustez-le si nécessaire pour rester sur la bonne voie et vous adapter aux circonstances changeantes.

**Exemple :** Sarah, récemment diplômée de l'université de New York, crée un budget mensuel pour suivre ses revenus et ses dépenses. Elle identifie les domaines dans lesquels elle peut réduire les dépenses non essentielles, comme les repas au restaurant et les divertissements, et utilise ces fonds pour rembourser plus rapidement ses prêts étudiants.

### 16.2.2 Gérer judicieusement la dette

La dette peut constituer un obstacle important à la stabilité financière, mais elle peut être surmontée grâce à une gestion stratégique. Commencez par donner la priorité aux dettes à taux d'intérêt élevé et effectuez des paiements supplémentaires autant que possible pour réduire les frais d'intérêt et accélérer le remboursement de la dette. Envisagez de consolider plusieurs dettes en un seul prêt avec un taux d'intérêt inférieur ou explorez des options d'allègement de la dette telles que des prêts de consolidation de dettes ou des conseils en crédit.

**Exemple :** John, propriétaire d'une petite entreprise de Chicago, consolide ses dettes de carte de crédit à intérêt élevé en un seul prêt personnel avec un taux d'intérêt inférieur. En effectuant des paiements réguliers et en évitant de nouvelles dettes, il rembourse progressivement ses dettes et améliore sa situation financière.

### 16.2.3 Constituer un fonds d'urgence

Un fonds d'urgence sert de filet de sécurité financière, vous offrant une tranquillité d'esprit et une protection contre les dépenses imprévues ou la perte de revenus. Essayez d'économiser au moins trois à six mois de dépenses sur un compte d'épargne facilement accessible. Commencez petit en mettant de côté une partie de chaque salaire et augmentez progressivement votre épargne au fil du temps.

**Exemple :** Maria, une mère célibataire à Los Angeles, crée un fonds d'urgence en effectuant des transferts mensuels automatiques de son compte courant vers un compte d'épargne à intérêt élevé. Elle cotise un montant fixe chaque mois et ajoute des fonds supplémentaires lorsqu'elle reçoit des revenus inattendus, comme un remboursement d'impôt ou une prime.

### 16.2.4 Augmenter les sources de revenus

Augmenter vos revenus peut vous aider à surmonter les difficultés financières et à atteindre vos objectifs plus rapidement. Explorez des moyens d'augmenter votre potentiel de revenus, tels que : B. par le biais d'études ou de formations supplémentaires, d'un travail indépendant ou d'un emploi à temps partiel, ou à la recherche d'opportunités de travail mieux rémunérées. La diversification de vos sources de revenus peut vous offrir stabilité et résilience face à l'incertitude économique.

**Exemple :** Michael, un graphiste de San Francisco, élargit sa clientèle indépendante en établissant des réseaux avec d'autres professionnels de son secteur et en présentant son portfolio en ligne. En entreprenant des projets supplémentaires parallèlement à son emploi à temps plein, il augmente ses revenus et accélère sa progression vers l'indépendance financière.

### 16.2.5 **Pratiquer une vie frugale**

Un mode de vie frugal peut vous aider à tirer le meilleur parti de votre argent et à atteindre vos objectifs financiers plus efficacement. Recherchez des moyens de réduire vos dépenses et vos déchets dans votre vie quotidienne, par exemple : B. en cuisinant à la maison, en recherchant de bonnes affaires et en évitant les achats inutiles. Concentrez-vous sur les dépenses basées sur la valeur et donnez la priorité aux expériences plutôt qu'aux possessions matérielles.

**Exemple :** Emily, récemment diplômée d'université de Seattle, mène un style de vie minimaliste et désencombre ses affaires pour se simplifier la vie et économiser de l'argent. Elle achète des vêtements d'occasion, prépare des repas à partir d'aliments de base et recherche des activités récréatives gratuites ou peu coûteuses.

### 16.2.6 Demander l'avis d'un professionnel

Si vous avez du mal à surmonter seul des difficultés financières, n'hésitez pas à demander conseil à un conseiller financier, un consultant ou un coach. Ces professionnels peuvent vous fournir des conseils et un soutien personnalisés pour vous aider à élaborer un plan d'action, à résoudre des problèmes financiers complexes et à prendre des décisions éclairées concernant votre argent.

**Exemple :** David et Sarah, un jeune couple de Boston, consultent un planificateur financier agréé pour obtenir des conseils sur la gestion de leurs finances et la planification de leur avenir. Le planificateur financier les aide à créer un plan financier complet, à fixer des objectifs réalistes et à mettre en œuvre des stratégies pour réussir financièrement.

## 16.3 Maintenir la résilience financière

Surmonter les défis financiers est un processus continu qui nécessite résilience, détermination et adaptabilité. Alors que vous travaillez pour atteindre vos objectifs financiers, n'oubliez pas de rester concentré sur vos priorités, de rester flexible dans votre approche et de demander le soutien de vos amis, de votre famille et de professionnels en cas de besoin. En renforçant votre résilience financière et en prenant des mesures proactives pour relever les défis, vous pouvez surmonter les obstacles et créer un meilleur avenir financier pour vous et vos proches.

Les défis financiers font naturellement partie de la vie, mais ils ne doivent pas nécessairement déterminer votre avenir financier. En prenant le contrôle de vos finances, en mettant en œuvre des solutions stratégiques et en recherchant du soutien en cas de besoin, vous pouvez surmonter les obstacles et atteindre vos objectifs financiers. N'oubliez pas que chaque pas vers la stabilité financière et la réussite vous rapproche de l'avenir que vous envisagez pour vous-même et vos proches.

## Chapitre 17 : Respecter votre budget

Créer un budget n'est que la première étape vers la stabilité financière et le succès. Pour vraiment profiter des avantages de la budgétisation, il est important de respecter votre budget de manière cohérente au fil du temps. Dans ce chapitre, nous explorons des stratégies et des conseils pratiques pour respecter efficacement votre budget afin de vous assurer de rester sur la bonne voie avec vos objectifs financiers et de continuer à faire croître votre patrimoine.

## 17.1 L'importance du maintien du budget

Respecter son budget est crucial pour plusieurs raisons :

### 17.1.1 Suivi des progrès financiers

La gestion régulière de votre budget vous aidera à suivre vos progrès financiers et à identifier les domaines dans lesquels vous excellez ou échouez. En surveillant constamment vos revenus, vos dépenses et vos économies, vous pouvez prendre des décisions éclairées concernant vos finances et ajuster votre budget si nécessaire pour suivre vos objectifs.

### 17.1.2 Éviter les dépenses excessives

Sans un suivi budgétaire continu, vous pouvez facilement perdre de vue vos priorités financières et dépenser trop dans certains domaines. En surveillant activement vos habitudes de dépenses et en les comparant à votre budget, vous pouvez éviter les dépenses inutiles et vous assurer que votre argent est alloué en fonction de vos priorités.

17.1.3 **Adaptation à des circonstances changeantes**

La vie est imprévisible et votre situation financière peut changer au fil du temps en raison de facteurs tels que des changements d'emploi, des fluctuations de revenus ou des dépenses imprévues. Gérer régulièrement votre budget vous aidera à vous adapter à ces changements et à adapter votre plan financier aux nouvelles circonstances, au besoin.

## 17.2 Stratégies pour respecter votre budget

Respecter votre budget nécessite de la discipline, de la cohérence et une attention aux détails. Voici quelques stratégies pratiques pour vous aider à rester maître de votre planification budgétaire :

### 17.2.1 Programmer les examens budgétaires réguliers

Prenez régulièrement le temps de revoir votre budget et d'évaluer vos progrès financiers. Qu'elles soient hebdomadaires, bihebdomadaires ou mensuelles, la planification d'examens budgétaires réguliers peut vous aider à rester proactif et à détecter rapidement tout écart ou problème. Profitez de ce temps pour rapprocher vos comptes, mettre à jour vos catégories budgétaires et apporter les ajustements nécessaires à votre plan de dépenses.

**Exemple :** Sarah, responsable marketing à Chicago, planifie une révision hebdomadaire du budget tous les dimanches soir. Pendant ce temps, elle met à jour sa feuille de calcul budgétaire, examine ses transactions récentes et identifie les domaines dans lesquels elle a pu dépenser trop. En effectuant régulièrement ses évaluations, Sarah conserve une image claire de sa santé financière et peut prendre des décisions éclairées concernant son argent.

### 17.2.2 Utiliser des outils et des applications de budgétisation

Utilisez des outils et des applications de budgétisation pour rationaliser le processus de gestion budgétaire et garder vos finances organisées. De nombreuses applications de budgétisation offrent des fonctionnalités telles que le suivi des dépenses, les rappels de factures et les alertes budgétaires pour vous aider à rester au top de vos objectifs financiers. Choisissez un outil qui correspond à vos préférences et à vos besoins et prenez l'habitude de l'utiliser régulièrement pour gérer efficacement votre budget.

**Exemple :** John, écrivain indépendant à Los Angeles, utilise une application budgétaire appelée Mint pour suivre ses dépenses et gérer son budget lors de ses déplacements. Il relie ses comptes bancaires et ses cartes de crédit à l'application, catégorise ses transactions et fixe des limites budgétaires pour chaque catégorie de dépenses. Grâce aux mises à jour et notifications automatiques de Mint, John peut rester informé de sa situation financière et apporter des ajustements à son budget si nécessaire.

### 17.2.3 Examiner et ajuster les habitudes de dépenses

Examinez régulièrement vos habitudes de dépenses et identifiez les domaines dans lesquels vous pouvez apporter des ajustements pour respecter votre budget. Recherchez les schémas de dépenses excessives ou inutiles et réfléchissez à des moyens créatifs de réduire les coûts sans compromettre votre qualité de vie. Envisagez de mettre en œuvre des stratégies telles que la planification des repas, les achats en gros ou la négociation de factures pour réduire les dépenses et libérer plus d'argent pour épargner ou rembourser vos dettes.

**Exemple :** Emily, graphiste à New York, remarque qu'elle dépense chaque mois plus pour ses repas au restaurant que ce qu'elle avait prévu dans son budget. Pour réduire ses dépenses au restaurant, elle prépare ses repas à la maison, invite des amis à des dîners-partage au lieu de sortir et profite des offres spéciales du déjeuner et des happy hours. En prêtant attention à ses habitudes de dépenses, Emily peut respecter son budget et consacrer plus d'argent à ses objectifs d'épargne.

### 17.2.4 Automatiser les économies et les paiements de factures

Utilisez l'automatisation pour simplifier votre processus de gestion budgétaire et vous assurer d'économiser de manière cohérente et de payer vos factures à temps. Configurez des virements automatiques sur votre compte d'épargne chaque mois pour économiser sans effort et planifiez le paiement automatique des factures pour les dépenses récurrentes telles que le loyer, les services publics et le remboursement des prêts. En automatisant ces tâches, vous réduisez le risque d'oublier d'économiser ou de payer vos factures et restez maître de vos obligations financières.

**Exemple :** David et Sarah, un couple de San Francisco, automatisent leur épargne en mettant en place des transferts récurrents de leur compte courant vers leur compte d'épargne à intérêt élevé chaque jour de paie. Ils automatisent également le paiement de leurs factures de loyer, de services publics et de cartes de crédit pour garantir qu'ils sont payés à temps chaque mois. En automatisant ces tâches financières, David et Sarah disposent de plus de temps et d'énergie mentale pour se concentrer sur d'autres aspects de leur vie tout en gardant le contrôle de leurs finances.

### 17.2.5 Rester responsable et demander de l'aide

Respecter votre budget peut être difficile, surtout lorsque des dépenses imprévues ou des difficultés financières surviennent. Restez fidèle à vos objectifs financiers en les partageant avec un ami de confiance, un membre de votre famille ou un conseiller financier qui pourra vous soutenir et vous encourager tout au long de votre chemin. Envisagez de rejoindre des communautés en ligne ou des groupes de soutien axés sur la budgétisation et les finances personnelles pour vous connecter avec des personnes partageant les mêmes idées et partager des conseils et des stratégies pour réussir.

**Exemple :** Michael, un développeur de logiciels de Seattle, rejoint un groupe local de finances personnelles dont les membres se réunissent régulièrement pour discuter de stratégies budgétaires, partager des réussites et se soutenir mutuellement. Dans le groupe, Michael trouve l'encouragement et la responsabilité de respecter ses objectifs budgétaires, même dans les moments difficiles.

## 17.3 Surmonter les défis courants en matière de gestion budgétaire

Malgré tous vos efforts, vous pourriez rencontrer des difficultés ou des obstacles pour respecter votre budget. Voici quelques défis courants et stratégies pour les surmonter :

### 17.3.1 La tentation de trop dépenser

Il est facile de succomber à la tentation et de dépenser trop, surtout face à la pression des pairs ou aux tactiques de marketing. Pour surmonter ce défi, pratiquez des dépenses conscientes, fixez-vous des objectifs financiers clairs et rappelez-vous les avantages à long terme du respect de votre budget. Pensez à mettre en œuvre des stratégies telles que la « règle des 24 heures », selon laquelle vous attendez une journée avant de faire des achats non essentiels afin de limiter les achats impulsifs.

### 17.3.2 Dépenses imprévues

Des dépenses inattendues peuvent perturber votre planification budgétaire et vous submerger. Pour préparer ces dépenses, créez un fonds d'urgence et cotisez-y régulièrement pour couvrir les imprévus sans casser votre budget. Si une dépense imprévue survient, examinez votre budget et apportez les ajustements nécessaires pour tenir compte des dépenses supplémentaires tout en gardant à l'esprit vos objectifs financiers.

### 17.3.3 Manque de motivation

Respecter son budget demande de la discipline et de la motivation, qui peuvent s'estomper avec le temps, surtout si vous ne voyez pas de résultats immédiatement. Pour rester motivé, rappelez-vous vos objectifs financiers et les raisons pour lesquelles vous établissez un budget en premier lieu. Célébrez les petites réussites en cours de route, comme atteindre des objectifs d'épargne ou rembourser vos dettes, et visualisez l'avenir vers lequel vous travaillez pour rester inspiré et concentré pendant l'établissement de votre budget.

### 17.3.4 Suivi incohérent

Un suivi incohérent de vos dépenses peut entraîner des inexactitudes dans votre budget et rendre difficile le contrôle de vos finances. Pour éviter un suivi incohérent, établissez une routine de suivi de vos dépenses et respectez-la systématiquement. Prenez le temps chaque jour ou chaque semaine d'enregistrer vos dépenses, que ce soit avec une application de budgétisation, une feuille de calcul ou un stylo et du papier. Prenez l'habitude d'enregistrer chaque transaction le plus rapidement possible pour garantir l'exactitude et l'exhaustivité de vos dossiers budgétaires.

### 17.3.5 Personnalisation manquante

Votre situation financière et vos priorités peuvent changer avec le temps, ce qui vous obligera à ajuster votre budget. Ne pas ajuster votre budget pour tenir compte de ces changements peut entraîner un stress financier et entraver votre progression vers vos objectifs. Restez proactif et flexible en examinant régulièrement votre budget et en effectuant les ajustements nécessaires pour refléter les changements dans vos revenus, vos dépenses ou vos objectifs financiers.

## 17.4 Célébrez les réussites et restez motivé

Respecter votre budget est une réalisation importante qui mérite reconnaissance et célébration. Prenez le temps de reconnaître vos progrès, aussi minimes soient-ils, et célébrez vos réussites tout au long du chemin. Que vous atteigniez une étape importante en matière d'épargne, remboursiez une dette ou respectiez systématiquement votre budget pendant un certain temps, célébrez ces réalisations pour renforcer vos habitudes financières positives et rester motivé dans votre budgétisation.

La gestion de votre budget est un processus continu qui nécessite du dévouement, de la discipline et un engagement envers vos objectifs financiers. En mettant en œuvre des stratégies pratiques, en restant proactif et en recherchant du soutien en cas de besoin, vous pouvez maîtriser l'art de la gestion budgétaire et atteindre une réussite financière à long terme. N'oubliez pas que la cohérence est essentielle et que de petites actions cohérentes peuvent conduire à des améliorations significatives de votre bien-être financier au fil du temps. Restez concentré, restez motivé et continuez à progresser sur votre chemin vers la liberté financière et la prospérité.

## Conclusion : Maîtrisez l'art de la budgétisation

Toutes nos félicitations! Vous avez atteint la fin de L'art de budgétiser : Conseils pratiques pour économiser de l'argent et accroître votre patrimoine. Dans ce guide complet, nous avons exploré diverses stratégies et techniques pour vous aider à prendre le contrôle de vos finances, à atteindre vos objectifs financiers et, en fin de compte, à faire croître votre patrimoine. Qu'il s'agisse de comprendre votre situation financière, de surmonter les défis courants ou de gérer efficacement votre budget, vous aurez acquis des informations précieuses et des outils pratiques pour vous aider dans votre parcours budgétaire.

## Bilan de votre parcours

Pendant que vous réfléchissez à votre parcours dans l'art de la budgétisation, prenez un moment pour réaliser le chemin parcouru. Vous avez appris à évaluer votre situation financière, à fixer des objectifs raisonnables, à créer un budget réaliste et à prendre des décisions éclairées concernant votre argent. Vous avez réalisé l'importance d'épargner, d'investir et de gérer judicieusement vos dettes pour bâtir une base solide pour votre avenir financier. Et surtout, vous avez démontré la détermination et l'engagement nécessaires pour prendre le contrôle de vos finances et poursuivre vos rêves en toute confiance.

## Célébrez vos réussites

En cours de route, vous avez franchi des étapes et des réalisations importantes qui méritent d'être célébrées. Qu'il s'agisse de rembourser une carte de crédit, d'atteindre un objectif d'épargne ou de respecter votre budget de manière constante sur une période donnée, prenez le temps de célébrer ces réalisations. Célébrer vos réussites renforce vos habitudes financières positives, renforce votre confiance et vous motive à continuer de progresser vers vos objectifs.

## Une vie d'apprentissage

Alors que vous vous engagez sur la voie de la liberté financière et de la prospérité, n'oubliez pas que l'apprentissage est un processus qui dure toute la vie. Restez curieux, gardez l'esprit ouvert et continuez à rechercher des connaissances et des idées qui vous aideront à grandir et à vous développer dans votre parcours financier. Explorez de nouvelles stratégies, expérimentez différentes approches et soyez prêt à vous adapter à des circonstances changeantes tout en naviguant dans le paysage en constante évolution des finances personnelles.

## Transmettez-le

À mesure que vous maîtrisez l'art de la budgétisation et que vous réussissez dans votre propre parcours financier, envisagez de partager vos connaissances et vos expériences avec les autres. Que vous donniez des conseils à un ami dans le besoin, que vous soyez bénévole pour enseigner la littératie financière dans votre communauté ou que vous donniez simplement le bon exemple en cultivant vos propres habitudes financières, vos actions peuvent inspirer et donner aux autres les moyens de prendre le contrôle de leurs finances et de les bâtir. un meilleur avenir.

## Regarder vers l'avenir

En regardant vers l'avenir, imaginez la vie que vous souhaitez créer pour vous et vos proches. Fixez-vous des objectifs financiers ambitieux mais réalistes qui correspondent à vos valeurs et à vos aspirations, qu'il s'agisse d'acheter une maison, de démarrer une entreprise ou de prendre une retraite confortable. Restez concentré sur vos objectifs, restez discipliné dans vos actions et restez optimiste quant aux opportunités qui vous attendent.

## Dernières pensées

L'art de la budgétisation ne consiste pas seulement à gérer votre argent : il s'agit aussi de vous donner les moyens de vivre la vie dont vous avez toujours rêvé. Il s'agit de prendre le contrôle de vos finances, de prendre des décisions éclairées et de créer un avenir de liberté financière, de sécurité et de prospérité. À mesure que vous avancez, n'oubliez pas que vous disposez des connaissances, des compétences et des ressources nécessaires pour atteindre vos objectifs. Croyez en vous, restez fidèle à votre vision et ne sous-estimez jamais le pouvoir de la budgétisation pour améliorer votre vie.

Merci de vous joindre à nous dans ce voyage à travers l'art de la budgétisation. Que votre avenir soit rempli de prospérité, de succès et d'épanouissement alors que vous appliquez les principes et les stratégies que vous avez appris pour créer la vie de vos rêves. Bonne budgétisation et en route vers un meilleur avenir financier pour nous tous !

## action de grâces

Compléter L'art de la budgétisation : Conseils pratiques pour économiser de l'argent et créer de la richesse était un effort de collaboration et je suis reconnaissant à tous ceux qui ont contribué de leur temps, de leur expertise et de leur soutien pour faire de ce projet une réalité.

Avant tout, je voudrais exprimer ma plus profonde gratitude à Robert C. Deleon, dont la vision et le dévouement ont inspiré la création de ce guide complet. Sa passion pour les finances personnelles et son engagement à fournir aux autres des stratégies budgétaires pratiques ont été la force motrice de ce projet.

Je suis également reconnaissant aux innombrables personnes qui ont généreusement partagé leurs connaissances et leurs idées avec nous tout au long du processus de recherche et de rédaction. Leur expertise a enrichi le contenu de ce guide et a fourni aux lecteurs de précieuses perspectives sur la budgétisation et la gestion de patrimoine.

Je tiens à exprimer mes sincères remerciements à mon mentor, dont l'expertise et les contributions ont amélioré la qualité et l'exactitude des informations contenues dans ce manuel. Ses conseils et sa sagesse ont été inestimables pour façonner le contenu et garantir sa pertinence pour les lecteurs cherchant à améliorer leur bien-être financier.

Je tiens également à remercier ma famille, mes amis et mes collègues qui m'ont encouragé à chaque étape et m'ont apporté un soutien indéfectible tout au long de la rédaction de ce guide. Vos encouragements, vos commentaires et votre compréhension ont contribué de manière significative à la réussite de ce projet.

Enfin, je voudrais remercier les lecteurs de The Art of Budgeting. Votre intérêt pour ce guide et votre engagement à prendre le contrôle de vos finances m'inspirent à continuer de partager mes connaissances et de donner aux autres les moyens de réussir financièrement.

Merci à tous ceux qui ont contribué à ce projet de quelque manière que ce soit. Vos contributions ont fait une différence et je suis reconnaissant d'avoir l'opportunité de travailler avec des personnes aussi talentueuses et dévouées.

Avec ma sincère gratitude,

Grégoire Lang

www.ingramcontent.com/pod-product-compliance
Lightning Source LLC
Chambersburg PA
CBHW071910210526
45479CB00002B/357